RESEARCH AND PRACTICE ON HOLISTIC EDUCATIONAL MECHANISM IN HIGHER VOCATIONAL COLLEGES

高职院校全方位育人机制研究与实践

主　编：代祖良　谭红翔
副主编：吴　虹　倪永辉　冯嘉洁　邓绍艺
参　编：杨　煌　杨国富　恭学禹　张　莉

云南大学出版社
YUNNAN UNIVERSITY PRESS

图书在版编目（CIP）数据

高职院校全方位育人机制研究与实践/代祖良，谭红翔主编.—昆明：云南大学出版社，2010
ISBN 978-7-5482-0251-6

Ⅰ.①高… Ⅱ.①代… ②谭… Ⅲ.①高等学校：技术学校—教育方针—研究—云南省 Ⅳ.①G719.20

中国版本图书馆CIP数据核字（2010）第188021号

高职院校全方位育人机制研究与实践

主　编：代祖良　谭红翔

策划编辑：	蔡红华
责任编辑：	蔡红华　李　平
封面设计：	周　旸
出版发行：	云南大学出版社
印　　装：	昆明宝王印务有限公司
开　　本：	850mm×1168mm　1/32
印　　张：	7.75
字　　数：	194千
版　　次：	2010年9月第1版
印　　次：	2010年9月第1次印刷
书　　号：	ISBN 978-7-5482-0251-6
定　　价：	20.00元

地　　址：昆明市翠湖北路2号云南大学英华园内（邮编：650091）
发行电话：0871-5033244　5031071
网　　址：http://www.ynup.com
E-mail：market@ynup.com

序

昆明冶金高等专科学校党委副书记代祖良、校长助理谭红翔等同志完成的云南省教育科学"十一五"规划课题——云南省高职高专院校全方位育人机制研究（GZ07014），经过三年的辛勤工作，取得了一批研究成果，并在应用中取得了明显成效。现在呈现在读者面前的这本著作，就是他们成果的结晶，可喜可贺！

高职院校面向社会需求培养高素质、高技能应用型人才，取得了突出成就，为我国经济社会发展作出了突出贡献。但是，随着高等教育事业的蓬勃发展，高等职业教育也在发展过程中遇到了许多新情况、新问题，需要深入研究对策。其中，如何针对高等职业院校学生实际，利用学校一切可以利用的资源，从影响学生培养的各个方面入手采取相应措施，建立健全全方位育人机制，形成育人合力就是特别值得关注和研究的一个重要问题，也是高职院校加强内涵建设的一个重要方面。作者长期在高职院校从事管理、教学、科研工作，从理论和实践层面对高职院校全方位育人机制的建设进行了有益的探索、研究，取得了可喜的成果。从著作中我们可以看到：影响高职院校人才培养的问题是什么，产生问题的原因是什么，怎样来解决这些问题以及实践的效果如何。可以说，著作虽不丰厚，但作者长期坚持对高等职业教育进行认真研究、探索的精神是可贵的，本书理论与实践相结合的研究方法是可取的，昆明冶专在育人方面取得的成效也是有目共睹的。

当前，云南省正面临实现云南教育跨越式发展的关键时期，不同层次、不同类型的学校正在深入学习贯彻全国教育工作会议精神、国家中长期教育改革和发展规划纲要，积极开展各种类型的教育实践研究与探索，努力开创云南教育发展的新局面。作者的研究，既是我省高职院校加强和改进育人工作、提高育人质量的具体体现，也是作为国家示范建设高职院校的昆明冶专发挥辐射带动作用的具体体现，更为同行提供了很好的借鉴。所以，我要再次祝贺该著作的出版！并祝作者今后工作顺利，取得更多成果！

中共云南省委高校工委副书记 杜玉银

2010 年教师节前夕

前　言

近十年来，随着我国经济社会的不断发展进步，高等教育规模迅速扩大，我国已进入高等教育大众化阶段，其中高等职业教育院校已达 1 260 多所。在高等职业教育发展的同时，社会转型和学生生源多样化也给高等职业教育带来了不少新的机遇和挑战，高等职业院校学生在思想行为、学习热情等方面出现了一系列问题，如学生出勤率低、意外伤害事故多等，已影响到学校正常的教学秩序，影响到人才培养的质量。这些问题应该说已不同程度地引起了高等职业教育院校的重视。但不少高职院校对造成这些问题的原因分析和所采取的措施往往仅单纯地从某个方面去考虑，如依靠形式单一的学生思想教育工作，没有采取各方面、全方位的相关措施并形成有效机制，因而效果不佳。

本书作者代祖良（昆明冶金高等专科学校党委副书记）、谭红翔（昆明冶金高等专科学校校长助理、学校原物流与交通学院院长）等同志看到了高职院校育人工作中存在的上述值得高度重视的问题，萌发了用科学方法进行研究与实践的动机。在充分调研的基础上，他们向云南省教育科学规划领导小组办公室申请了"云南省高职高专院校全方位育人机制研究"的云南省教育科学及"十一五"规划课题，并很快得到了批准立项。在后来的工作中，课题组通过不同层次、不同形式的调查，运用科学的方法进行分析，找出影响学生学习热情不高、思想道德行为不健康等问题的原因；从基础课、专业课课内外教学、实习实训、学生课内外思想品德教育、学生课余活动、班主任工作、学生服务管理、校园文化建设等多方面采取对策措施，形成相关制度，制定了高等职业院校全方位育人的有效方法，然后在试点学校（昆明冶金高等专科学校物流与交通学院——时为一个相对独立的校区，具有一般学校的管理机构、教学资源和教学环境）实施两年，取得了明显的成效：学院人才培养质量和各项工作水平、能力明显提高。在这些工作的基础上，课题组成员将部分研究成果整理成为论文予以发表，引起了一些同行的关注，并前来昆明冶金高等专科学校交流研讨。

为了进一步建立和完善高等职业教育院校全方位育人机制，有助于高等职业教育院校培养高素质高级技能型人才，并为相关院校育人工作提供参考和展开讨论，作者将他们的研究成果和实践方法及效果整理成书稿，予以出版。

在高等职业院校全方位育人机制的研究特别是实践过程中，昆明冶金高等专科学校物流学院（原物流与交通学院）的广大教育工作者给予了积极的支持和配合，并做了辛勤的工作。借本书出版之际，谨向他们表示衷心的感谢！同时向课题研究过程中给予了大力支持的云南省多所高等职业院校的同行表示感谢！

本书在出版过程中得到了云南大学出版社编辑蔡红华、李平同志的指导和帮助，在此谨表谢忱。

由于编写时间仓促，以及作者水平有限，书中难免出现不妥和疏漏之处，请读者给予指正和谅解。

编　者

2010年8月于昆明

目 录

第一部分 课题结题报告（代总结）

云南省高职高专院校全方位育人机制研究……………… 3

第二部分 结题分报告

影响高职院校"五育人"工作因素的调查与研究 ……… 25

云南省高职高专院校全方位育人机制研究
　　——服务、管理、活动等育人总结报告……………… 113

第三部分 研究论文

开创大学生思想政治教育工作新局面的几点思考………… 125
充分发挥校企合作优势，拓宽德育工作途径……………… 135
影响高职院校"五育人"工作因素的调查研究 …………… 142
论因材施教与高等职业教育……………………………… 156
构建高职高专院校全方位育人机制……………………… 163
云南高职院校经济困难学生现状调查及对策分析……… 171
云南高职院校"活动育人"开展现状调查及对策分析…… 181
浅析全方位育人机制下的班主任工作…………………… 191
"思想道德修养与法律基础"综合实践活动模式探索 …… 197

第四部分 制度措施

关于开展物流与交通学院全方位育人管理工作的通知…… 209

昆明冶金高等专科学校物流与交通学院教学部育人职责
……………………………………………………………… 214

昆明冶金高等专科学校物流与交通学院教学管理部育人
职责……………………………………………………… 217

昆明冶金高等专科学校物流与交通学院图书管理部育人
职责……………………………………………………… 220

昆明冶金高等专科学校物流与交通学院学生服务管理
办公室育人职责………………………………………… 222

昆明冶金高等专科学校物流与交通学院团委育人职责…… 225

昆明冶金高等专科学校物流与交通学院院长办公室育人
工作职责………………………………………………… 227

昆明冶金高等专科学校物流与交通学院党群工作部育人
方面职责………………………………………………… 229

昆明冶金高等专科学校物流与交通学院保卫科育人职责
……………………………………………………………… 231

昆明冶金高等专科学校物流与交通学院后勤管理部育人
职责……………………………………………………… 233

昆明冶金高等专科学校物流与交通学院财务劳资科管理
服务育人职责…………………………………………… 236

第一部分
课题结题报告(代总结)

第一部分

果题咨询题报告（代总序）

云南省高职高专院校
全方位育人机制研究

一、课题背景意义

随着社会环境的变化，网络的普及，各种思潮的不断涌入以及高校的不断扩招，高职高专院校学生在思想行为、学习热情方面出现了一系列问题，诸如思想上不积极进取，以自我为中心，强调个人享受，缺乏合作精神，不注重人与人之间沟通的问题，已影响到学校正常的教学秩序，影响到人才培养的质量。而目前，云南省有高职高专院校38所，无论是学校数量，还是在校生人数，在云南省高校中都已占了"半壁江山"。但高职高专院校，特别是新成立的高职高专院校普遍存在部分学生学习热情不高，迟到、旷课现象多，学生思想道德、行为习惯不良等缺陷突出问题，严重影响了我省高职高专学校的稳定和正常的教学秩序，影响了云南省高等教育人才培养的质量，应引起高职高专院校的高度重视。育人是学校的根本任务，但不少高职高专院校对造成这一问题的原因和解决的措施往往单纯从某个方面去考虑，如过多依靠学生管理部门的思想教育工作，没有全方位采取相关措施，因而效果不佳。

本课题申报单位在近年来的初步工作已有一定成效的基础上，通过分析形成这些问题的原因，有针对性地提出教书育人、管理育人、服务育人、环境育人、活动育人的措施，从基础课、专业课课堂教学、学生课内外思想品德教育、学生课余活动、学生社会实践、学生心理健康、学生思想政治理论课教育、学生工作管理服务、班主任作用发挥、校园文化建设等多方面综合地采取对策措施，形成相关的制度，并在试点学校实施，以推动云南省高职高专院校育人工作取得成效。本课题对高职高专院校建立全方位育人机制，提高培养人才质量，提高办学水平，具有现实意义和重要的指导、借鉴作用。

本课题的特点是从学校各方面、各层次、各个过程研究育人机制，较现有针对某一方面取得成果的育人机制更加系统、完善，对我省高职高专院校有很好的借鉴作用。

二、课题研究思路

1. 课题组成员在原有查找国内高职高专院校有关育人工作及机制资料基础上，利用不同形式扩大资料查找、研究范围和深度。

2. 分析课题组成员所在学校育人状况，并走访和调查省内若干所学校的相关情况，召开学校管理人员、教师、学生等不同层面的座谈会，了解管理、教学、服务、活动、环境等学校育人工作的环节与环境对高职高专院校人才培养的影响与关联程度，并设计和开展无记名问卷调查。

3. 对收集的资料进行整理、分析，找出造成问题的原因。

4. 针对存在的问题召开课题组成员和不同类别的座谈会，研究开展全方位育人机制建设的措施、办法，发表相关研究论文和文章。

5. 实施全方位育人机制的各项措施，分阶段进行总结，对比、检查效果，巩固和推广成果，提高高职高专教育和人才培养质量，形成制度，建立相应的职能机构对制度予以保证和落实。

6. 对课题进行总结，形成一套较为完善的全方位育人机制,供云南省高职高专院校参考使用。

三、课题实施过程

2008年1月至9月,课题组针对学校育人机制的各个方面进行调查问卷的设计,并在昆明冶金高等专科学校以及省内若干所高职高专院校进行了抽样调查。同时开展了管理者、教师、学生等不同层面的座谈会,更全面、深入地了解普遍存在的影响学生全面成长和学校人才培养的行为习惯及存在的相关问题。2008年10月至2009年3月,课题组对调查问卷进行了整理,并用科学的统计分析方法对问卷和相关统计资料进行了分析,找出了高职高专院校学生存在问题的原因。2008年10月至2009年12月,课题组针对存在的问题在试点单位昆明冶金高等专科学校物流学院开展了一系列全方位育人制度的制定与实施,并在实施过程中对效果进行了监控,针对监控情况对制度进行了进一步的改进和完善,以便形成更切实有效的全方位育人措施。2010年1月至2010年5月,全方位育人机制在昆明冶金高等专科学校进行普及,课题组针对普及过程中遇到的问题和出现的新情况进一步完善相关制度和措施。与此同时,课题组成员分别完成各自的研究任务,主持人对主题报告进行修改、完善,并对课题进行总结。

四、课题主要成果

1. 我校调研了影响教书育人、管理育人、服务育人、环境育人和活动育人的各种因素,得出了调查结果。

(1) 调查结果。

通过以上的调查、分析与研究,无论是高职院校的管理者,还是教师、行政人员和学生,都认为在高职院校中开展"五育人"工作具有重要的意义与作用。

①教书育人方面：高职院校的管理者、教师和学生都认为教书育人在学校工作中具有非常重要的地位。管理者和教师对教书育人工作的重要性认识比学生强，而教师也认为自己在工作中贯彻了教书育人的思想，学校管理者是重视教书育人工作的。但学生对学校的教书育人工作满意度没有管理者和教师的高。

②管理育人方面：管理者、教师、行政人员和学生大部分都认为学校可以通过提高管理水平来培养学生，学生对管理育人的认识低于学校的教职工。

③服务育人方面：管理者、教师、行政人员和学生大部分都认为可以通过提高学校教职工的服务水平来培养学生，其中管理者更看重服务育人在高职院校中的育人作用。

④活动育人方面：管理者、教师、行政人员和学生大部分都认为可以通过开展丰富多彩的教学活动和课外活动来培养学生，而且大家的认同度都较高。

⑤环境育人方面：管理者、教师、行政人员和学生大部分都认为可以通过美化校园环境来培养学生，其中管理者的认同度高于教师、行政人员和学生，而学生的认同度最低。

在调查中，大多数调查者最满意的是学校的校园文化和学校开展的各种各样的活动，最为担心的是学校管理制度的科学性。

通过对调查表的数据进行分析，本研究找出了影响"五育人"工作的主要因素，便于我们在今后的工作中抓住主要矛盾，解决问题，提高育人工作的质量与水平。

影响育人工作的因素按影响大小排列，依次是教师政治素质、师生政治面貌与教师教学能力、学校政策措施、教师教学手段与方法、学生表现和教师的知识与技能六个方面。其中教师政治素质影响最大，其次是师生政治面貌与教师教学能力，再次是学校政策措施。这是我们最应重视的三个维度。

另外，校园环境、学生服务与校园活动、管理制度、学风与教学设施等也是影响育人工作非常重要的因素，校园环境、学生服务与校园活动是我们最应重视的两个维度。

①教师的政治素质是保证育人工作成功与否的关键。教师的职业道德、事业心、责任感、表率作用和心态，无时不在课堂中和生活中潜移默化地影响学生；教师对学生的关心爱护，也使学生尊敬、爱戴教师，从而以教师为自己的榜样，学习教师的做人、做事原则。

②教师党员和教学骨干是育人工作的主力军。教师党员的言行举止对学生思想影响较大，是学生学习的榜样。另外，教师是否有过硬的业务水平，包括职称、学历和教学成果，都会对自己在教学中的育人工作产生影响。一般而言，教学经历长、经验丰富、教学水平高和教学质量好的教师对学生进行育人工作的效果较好。

③学校的制度措施应为育人工作创造良好的氛围与环境。学校应该重视良好育人工作环境与氛围的创造，制定一些量化的、具体的考核指标，并通过培训提高教师育人的能力，对育人工作好的教师进行大力表彰，在学校形成一种以育人为荣的良好氛围。

④以学生为主体的教学方法能调动学生学习的积极性，提高育人的成效。高职学校培养的学生必须有很强的实践动手能力，并具有在相关行业内的职业迁移能力。这就要求教学中必须以学生为主体，采用目标导向法、任务驱动法等教学方法培养和训练学生，使学生学会自主学习和探索，掌握相关的理论知识和操作技能。

⑤校园文化具有重要的育人功能。校园文化和德育教育在育人上是一致的，二者相互渗透，相互包容，以不同形式达到

相同目的。优秀的校园文化本身就是潜在的教育力量,影响着校园中全部人员的思想,使其形成良好的道德观念、崇高的思想品质和积极向上的人格精神。

⑥丰富多彩的课内课外活动是育人工作的重要载体。社会实践是大学生思想政治教育的重要环节,应通过了解社会、了解国情,培养他们的责任感与使命感,而各种文体活动可以锻炼学生的体魄、增强学生的修养,并培养他们团结协作的精神。

⑦耐心细致的学生服务可取得学生的信赖。思想问题源于生活问题,通过尽心尽力地为学生服务,能获得学生的信赖。应将解决学生的思想问题与实际生活问题结合起来,为学生成长创造良好的条件。

⑧科学的管理制度是育人工作的保障。管理是一种手段,同时管理也是一门艺术。管理作为教育人、培养人的艺术,应从单纯的"刚性"管理到"柔性"引导。管理应以人为本,既要科学,又要规范。

(2)分析结论。根据调查得出的结果,结合现代大学教育和学生的特点,研究小组提出了以下建议。

①教书育人方面:

第一,加强教师的师德教育和培养。师德是立教之本,良好的师德是对教师的基本要求。高职院校教师应具备职业道德,包括热爱教育事业、爱岗敬业、德才兼备外,还应掌握相关行业的职业道德标准。学校应对教师,特别是新教师进行系统的教育理论和道德科学理论知识的培训,并通过老教师的"传帮带",帮助青年教师树立良好的师德形象,使他们将教书育人变成一种自觉的行动,努力掌握实施教书育人的方法和途径,在每个教学环节中对学生进行职业道德、理想、品德和情操的教育培养。

第二，吸纳优秀的教师加入中国共产党。在高职院校开展各种党课培训，吸纳优秀的教师加入中国共产党。通过这些教师的示范效应，在学生中产生强烈的影响，使优秀的学生积极向党组织靠拢。

第三，加强业务培训，提高教师教书育人的能力。教师的业务水平，直接影响培养人才的质量。高职教育的培养目标，决定了教师除具备专业理论知识外，还必须具有实践动手能力。学校应重视提高教师学历培训、职称晋升和职业资格证取证工作，为教师承担科研工作提供良好的环境，并制定相应的激励措施。

第四，开展主题活动，大力表彰教书育人的楷模。身教重于言传，教师要严于律己，在道德、情操、品德、作风、学识等方面成为学生的楷模。另外，良好的师生关系能架起师生相互沟通的桥梁。学校应开展一些主题活动，弘扬教师爱岗敬业、关爱学生和乐于奉献的伟大师魂，对育人工作好的教师进行大力表彰。

第五，构建学校教书育人的实效性措施。加强教书育人的组织领导，是完善育人工作实效性的根本措施。学校在制定育人政策与措施时，应将教书育人工作纳入教师平时的教学过程中，建立全面客观的考核办法，并将考核办法与教师的聘任、晋职和奖励结合起来，充分调动教师教书育人的积极性。

②管理育人、服务育人、环境育人和活动育人方面：

第一，构建环境育人机制，建设积极向上的校园文化。加强对校园文化建设的领导，由负责学校思想政治教育的部门对校园文化进行统筹安排。通过学术研究，提高对校园文化多元化的认识与了解，从而有目标性、有针对性地开展校风、教风和学风建设，以各种活动，包括学术、科技、体育、艺术等活动为载体，弘扬主旋律，大力宣传高职院校思想政治教育先进典型和优秀大学生的事迹。

学校还应加强对实训实验设备的投入，增加学校图书的品种与数量等措施来改善办学的硬件环境；应美化校园环境，包括教室、宿舍和各种课外活动场所等。

第二，构建管理育人机制，以生为本，实现学生管理的科学化。学校要坚持党的教育方针，遵守各种相关的法令与法规，结合学校的实际，制定科学的学生管理措施，如学生学籍管理、学生出勤管理，并严格执行。除上述刚性的措施外，还要进行正确的柔性引导。例如，采用各种措施激励学生，最大限度地调动学生的积极性、主动性和创造性。学校要加强对教师教学质量的监控，以提高教学质量来吸引学生学习兴趣和增强学生学习效果。

第三，构建服务机制，为学生学习、生活和就业提供好的条件：

首先，建立健全高职学生就业指导和服务体系，及时向学生发布就业信息和组织校园招聘会，并对学生进行就业指导，使学生树立正确的择业观。

其次，加强与企业的合作，按各专业就业工作岗位进行工作任务分析，按职业能力要求为主线构建课程体系与课程内容，从而培养能满足社会需要、具有较强实践能力的学生，为学生就业打下坚实的基础。只有如此，学生才能得到社会的认可，才能提高就业的质量，从而将为学生就业提供服务落到实处。

再次，建立学校各部门为学生服务的工作职责，切实将"以生为本"的理念贯穿于我们的每一个工作细节。

2. 高职高专全方位育人机制建设引起昆明冶金高等专科学校物流学院全体教职工高度重视，并积极参与"五育人"活动，取得显著成效。

昆明冶金高等专科学校物流学院虽然是一个学院，但由于历史的原因，该学院地理位置较为特殊，离学校本部较远，且周边为农村，治安环境较为复杂，且与所在地辖区政府、机构间的综合事务较多，辖区政府、机构交派的工作也较多，使得学院除做好自身工作外，还要承担许多与外界联系的工作。同时，由于学院相对独立，因此还承担着本部一些职能部门的工作，如财务劳资、后勤管理保障。可以说，学院是"麻雀虽小，肝胆俱全"，更类似于一个独立学院。

2006年前，学院学生打架、重伤、旷课时有发生。而"全方位育人"活动开展三年多，学生素质大大提高。学院学生健康向上、积极要求进步、遵章守纪、团结友爱；全年未发生一起学生伤害和治安事件；踊跃参加各种有益身心健康的活动；学生社团活动有声有色，课余活动丰富多彩；文娱、体育活动持续不断，学院学生队包揽了学校三大球比赛的五项冠军，学院在学校第二十二届运动会上取得入场式第一名、团体第二名的优异成绩。同时，学生积极参加各项技能大赛，取得优异成绩。如2009年学院物流专业学生代表云南省参加首届全国高职高专院校"伍强杯"物流技能竞赛获全国第七名二等奖的荣誉，商务管理（会展）专业学生获全国会展技能大赛三等奖等。在"五育人"活动的大背景下，班主任工作聘任、考核、奖励改革取得实效，班主任的工作积极性、责任感得到提升，对学生思想、心理工作起到了非常重要的作用。如曾有一名女生因感情问题欲轻生，在同学的劝阻下暂住同学处。班主任得知该情况后，周末放弃休息回校处理，对该女生进行心理疏导，避免了事故的发生。

"全方位育人"的同时还提高了教师育人的能力，以及教学的质量。2006年前，学院教师晋升职称、学历提升、发表论文、编写教材等积极性不高。活动开展后，学院已累计20

余人晋升职称（占学院教师人数的54%），发表论文百余篇，申报课题数量也呈逐年上升趋势。学院教师积极报考硕士研究生，拥有硕士学位的教师比例有所升高。

学院在积极营造教书育人、活动育人、环境育人的同时，制定了一系列制度保证学生拥有一个健康向上的学习、生活环境。如学院设置专项资金奖励在"五育人"教育中作出突出贡献的教职工，提高在学生就业工作和班主任工作中取得成绩的教职工的工作积极性，以此来调动全院教职工的积极性，真正实现"全方位育人"。

3. "全方位育人机制"在昆明冶金高等专科学校得到推广，进一步提高了学生综合素质。

（1）贯穿"五育人"的教育教学质量保证体系已列入昆明冶金高等专科学校国家示范建设八个重点项目。

学校历来重视教学质量管理、监控和评价工作，在多年办学过程中始终坚持以教学质量为中心，过程管理与监控并举，已形成了教学工作决策、教学工作执行、教学质量监控与评价、学生综合素质测评等系统；建立了教学期中检查、期末总结制度，学生、领导、专家及同行评教，教师评学、师生评管制度及相应的评价标准，期末考核试卷与结果分析制度，教学信息反馈制度，毕业生跟踪调查制度等；制定了专业建设管理、重点课程管理、教学质量管理等一系列管理办法，初步形成了规范可行、运作有效的教学质量保证系统。但是，面对经济社会发展的新形势、新特点、新挑战，伴随国家高职教育改革不断深入，人才培养模式不断创新，传统的课程体系已被打破，学校原有的教学质量保证系统亟待充实和完善，以适应高职教育的发展。因此，2008年4月，学校将教育教学质量保证体系的建设和实施列为国家示范建设院校建设方案的八个重点项目之一。学校将结合高职人才培养模式改革，引进企业全面质量管理理念，修改和制定学校教学管理规章制度和工作规范，健全一套实施有效、有行业企业相关人员或专家参与、可有效监控人才培养环节的规章制度。运用信息技术，建立学校教学质量监控网，实现对教学质量信息的远程采集，从而实现从"招生—学习—就业"全过程的监控，建成"立体监控、信息共享、及时反馈、持续改进"的教学质量监控系统，完善以教学质量监控部门主要协调、教学管理部门主要推进、其他管理服务部门主要配合、专业学院主要落实、专家能人主要参与的教学质量保证体系，确保高技能人才的培养质量。

建设内容主要包括以下几个方面：

①构建全面开放的教学质量保证体系。

为满足工学结合人才培养模式改革需要，同时配合示范建设，在学校原有教学质量保证体系基础上进行重新整合、补充和完善，构建以学校为核心、教育行政部门引导、社会企业参与的教学质量保证体系。

②新的教学质量保证体系由四个系统构成（见图1）。

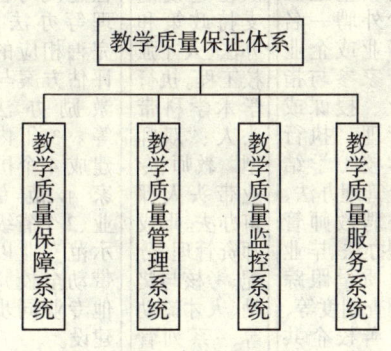

图1　教学质量保证体系

第一，教学质量保障系统建设与实施。有效整合学校教学资源，在国家教育行政部门的正确引导下，积极探索吸引和扩大社会企业参与教育教学的办法及渠道，建立以重点专业建设为龙头、精品课程建设为载体的"双师"素质教学名师的培养制度，加强校内外生产性实习实训基地的开发、管理和建设，逐步形成全面开放的教学质量保障系统。重点实施满足工学结合教学模式的顶岗实习管理、程序文件和具体操作流程设计以及实践环节的质量控制等建设。具体建设见图2。

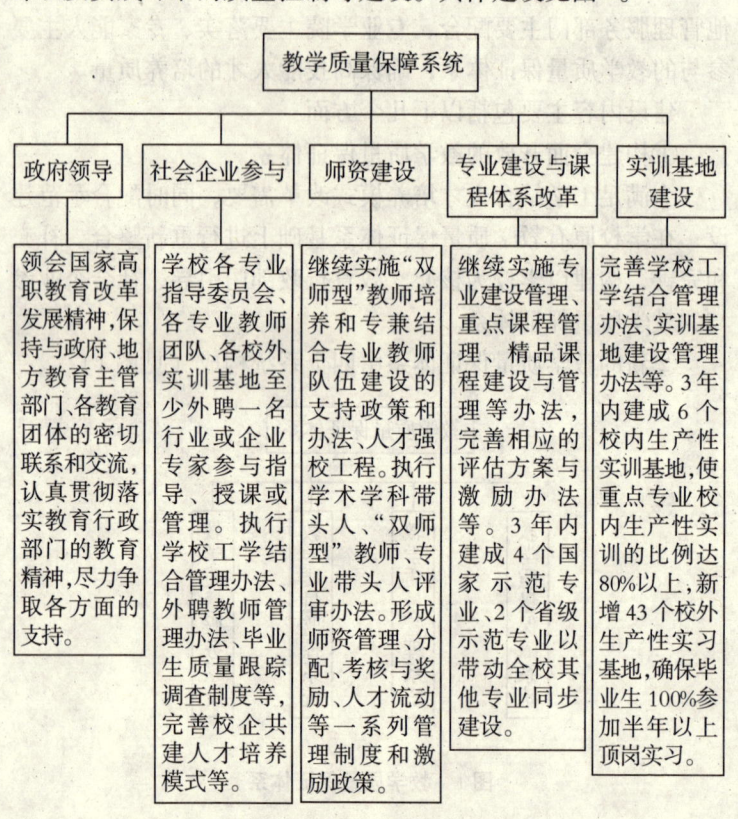

图2 教学质量保障体系

重点建设:

a. 研究制定顶岗实习管理办法。

b. 制定和修订顶岗实习程序文件,包括顶岗实习过程控制程序和相关文件。其中,相关文件包括以下内容:

作业文件:顶岗实习课程标准、学生顶岗实习学分制与成绩评定管理办法、顶岗实习指导老师管理办法、学生顶岗实习成果申报及奖励办法、学生顶岗实习企业信息库管理办法、顶岗实习期间师生安全应急预案、顶岗实习安全管理细则等。

记录文件:学生顶岗实习手册、顶岗实习指导老师工作周志、校企合作学生顶岗实习协议、顶岗实习单位信息反馈调查问卷等。

c. 设计顶岗实习工作流程图,包括学院顶岗实习工作流程图和企业顶岗实习工作流程图。

d. 制定顶岗实习各环节的质量控制标准。

第二,教学质量管理系统建设与实施。学校实行教学质量两级管理。学校侧重于教学目标管理,各学院(系)侧重于教学质量过程管理。教务处是组织教学质量管理工作的主要职能部门,校督导组是教学质量管理工作的督导机构,校教学工作委员会是教学质量管理和评估机构,各主要教学环节的质量标准是教学质量管理的核心。学校教学质量管理系统建设按如下流程实施(见图3)。

第三,教学质量监控系统建设与实施。在学校原有教学质量监控系统的基础上,完善监控组织机构,强化教学质量监控中心功能,扩大监控范围,建立学校教学质量监控与评价网络,完善教学信息反馈制度,逐步实现教学质量全程监控。具体建设见图4。

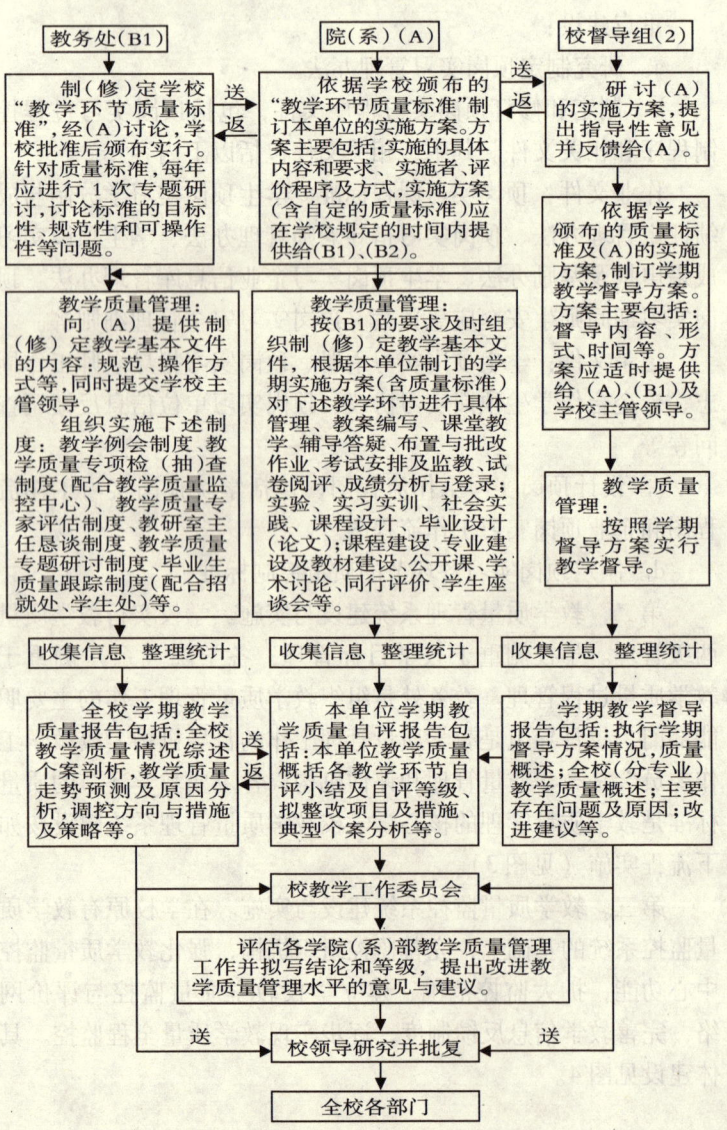

图3 教学质量分级管理流程框图

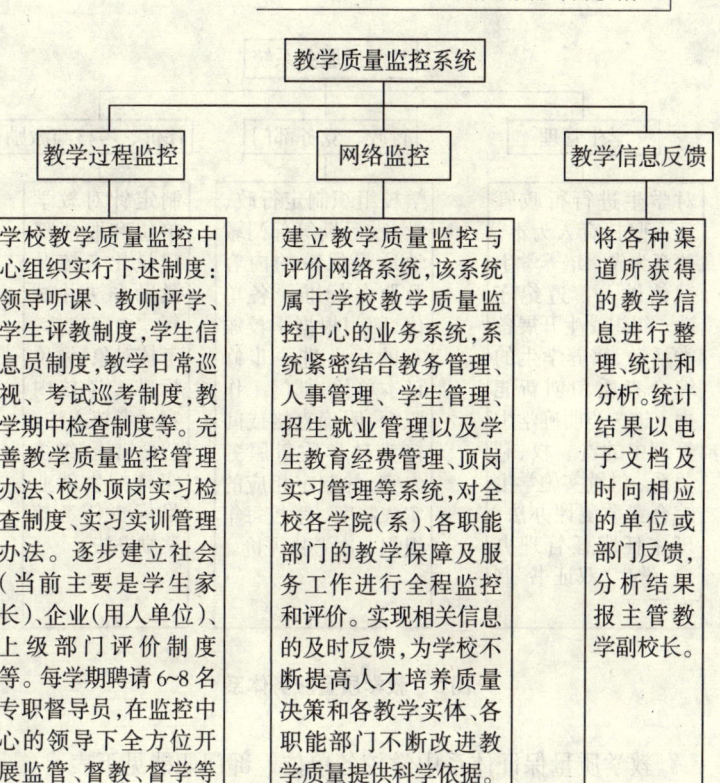

图4 教学质量监控体系

第四,教学质量服务系统建设与实施。教学质量服务主要有两个方面:教学工作服务、学生工作服务。强化各机关行政、党务部门参与意识、服务意识和行为意识,形成全员参与的教学质量服务系统,直接或间接为教学质量提供强有力的保障。量化考核制度作为教学质量服务的一种特殊手段,对教学质量起着保障作用。具体建设见图5。

```
                            ┌─────────────────┐
                            │  教学质服务系统  │
                            └────────┬────────┘
          ┌──────────────────────────┼──────────────────────────┐
    ┌─────┴─────┐              ┌─────┴─────┐              ┌─────┴──────┐
    │ 学生管理  │              │行政、党务部门│             │评价、考核与激励│
    └───────────┘              └───────────┘              └────────────┘
```

学生管理	行政、党务部门	评价、考核与激励
对学生进行行政管理，坚持育人为本，德育为先。培养学生诚信做人，遵纪守法。组织学生开展各类活动，培养学生的综合素质和创新能力。进一步明确学生管理中的责、权、利关系。继续实施学生综合素质测评办法、班主任聘任管理办法、学生"双证书"制度等。	学校组织制定行政、党务、后勤等部门教学质量保障的内容及服务标准，各单位、部门根据学校颁布的标准进一步修订本单位、部门工作职责，明确直接或间接为教学质量服务内容，并制定相应的实施制度。学校每年组织一次考核评价。	制定针对教学单位和职能部门量化考核及激励办法并试行。内容包括：考核对象、评价标准、考核内容、考核方法、奖惩措施。继续实施招生就业目标责任考核奖励办法。

图5　教学质量服务体系

教学质量保证体系中学校各单位、部门职能见下表：

教学质量职能分配一览表

部门	职责	教书育人	管理育人	服务育人	活动育人	环境育人
教育教学质量保证工作委员会		★	★	★	★	★
教学部门（12个学院）		★	★	★	★	★
学生管理部门	学生处	★	★	★	★	★
	团委	★	★	★	★	★
教学管理部门	教育教学质量监控中心	★	★	★	★	★
	教务处	★	★	☆	☆	
	实践教学中心	★	★	☆	☆	

续 表

部门	职责	教书育人	管理育人	服务育人	活动育人	环境育人
教学辅助部门	心理健康教育中心	★		★	★	
	招生就业处	☆	★	★	☆	
	高等职业教育研究所	☆	★	☆		
	科技处		☆	☆	★	☆
	图书馆			★		☆
行政职能部门	党委、校长办公室		★	☆		
	发展规划处		★			
	财务资产处		★	☆		
	人力资源处	★	★			
	武装保卫处		★	★	☆	☆
党群部门	组织部	☆			★	
	宣传部	☆			★	☆
	校工会			☆		☆
后勤管理部门	后勤管理处		★	★		★
	技术产业总公司			★		

注：★主要职能　☆相关职能

(2) 学校重视对学生知识、素质、人格、综合素养的培养。

学校为加强学生知识、人格等综合素养的培养，专门成立了素质拓展部，下设五个活动教育中心，近50名教师负责在各学院提高教师教学质量、学生专业素质的同时，开展"三生"教育、德育、创新、心理健康等活动，使学生得到全面发展。如学校先后开展了"昆明冶专知识产权宣传周"、"心理健康宣传周"等活动。学校在"全方位育人"工作中取得的成绩得到了社会的高度认可，被授予"云南省知识产权普及教育试点学校"，校长夏昌祥同志被中国心理卫生协会大学生心理咨询专业委员会授予全国高职院校心理健康教育工作委员会标牌。

(3) 全方位育人机制建设在昆明冶金高等专科学校的实施进一步提高了人才培养质量和学校的影响力。

由于重视学生职业素质和动手能力的培养,毕业生就业情况良好,学校连续几年获全国高等教育大学生就业先进单位。

优秀的环境和就业情况使学校招生情况良好,甚至出现了报考火爆的情况。2009 年学校招收的大专生中,理科生全部上三本线,甚至出现了上一本线的学生,文科生 92% 超三本线。2010 年学校首次自主招生出现了单招指标只安排云南本省 400 人,但仅仅 10 天就有 6 000 余人报名参加单招考试,考录比例达到 15:1 的情况。在往年的招生中甚至出现了部分学生家长考察了学校育人环境后,放弃本科学校,让子女到昆明冶专就读的情况。

(4) 昆明冶专"全方位育人机制"与"三生教育"相得益彰。

"全方位育人机制"注重从教书育人、管理育人、服务育人、环境育人和活动育人五个方面对学生进行全方位的培育,这正符合"三生教育"生命、生存、生活的教育宗旨。学校通过多种教育方式,使学生树立正确的生命观、生存观、生活观。帮助学生认识生命、尊重生命、珍爱生命,促进学生主动、积极、健康地发展生命,提升生命质量,实现生命的意义和价值的教育;帮助学生学习生存知识,掌握生存技能,保护生存环境,强化生存意志,把握生存规律,提高生存的适应能力和创造能力,树立正确生存观念的教育;使学生了解生活常识,掌握生活技能,实践生活过程,获得生活体验,树立正确的生活观念,确立正确的生活目标,养成良好的生活习惯,追求个人、家庭、团体、民族和人类幸福生活的教育。正因为学校以"全方位育人"的视角来进行教育,使得学生"三生"意识强烈,学校的"三生教育"受到了省教育厅的肯定,被表彰为"云南省首批'三生教育'示范学校"。

（5）昆明冶金高等专科学校全体教师积极投身课程改革、科研教研能力提升的行列。

全校教师围绕"全方位育人"的核心思想，借示范建设的东风，大力开展人才培养模式的构建、专业核心课程的标准化、专业规范化、工学结合特色教材的开发、理实一体化教学的项目开发、学做相融、全真训练、精品课程建设等工作。其中，一些科研、教研项目获得各级奖励与表彰。

经过努力，学校现有1个国家级教学团队，2个省级优秀教学团队，3名省级教学名师。教授30人，副高以上职称300多人，硕士及以上学历的教师比例达到26.2%。科研教研实力增强，新增科研立项13项，项目结题验收28项，获各级各类科研成果奖124项，获国家专利授权2项，新申报专利1项。

4. 形成了一批研究成果。

（1）代祖良同志发表论文3篇，即《开创大学生思想政治教育工作新局面的几点思考》、《充分发挥校企合作优势，拓宽德育工作途径》和《影响云南高职院校"五育人"工作因素调查研究》。

（2）谭红翔同志发表论文2篇，即《构建高职高专院校全方位育人机制》和《论因材施教与高职高专教育》。

（3）倪永辉同志发表论文2篇，即《云南某高职院校经济困难学生现状调查及对策分析》和《云南高职院校"活动育人"开展现状调查及对策分析》。

（4）冯嘉洁同志发表论文1篇，即《浅析全方位育人机制下的班主任工作》。

（5）邓绍艺同志发表论文1篇，即《"思想道德修养与法律基础"综合实践活动模式探索》。

五、课题存在的不足

课题研究实施两年来，虽然取得了良好的效果，但目前还未在其他高职高专院校普及。因此，课题组将在保证昆明冶金高等专科学校实施效果的基础上，不断在其他院校推广实施"全方位育人机制"，为高职高专教育提供有益的帮助。

六、课题结论

1. 经过课题组成员的努力，已全部完成课题任务。

课题组通过对昆明冶金高等专科学校物流学院和其他相关院校的问卷调查，以教师、学生、管理人员座谈会等形式对影响高职高专人才培养质量的因素进行了统计，使用科学的方法对相关数据进行了整理分析，找出了影响高职高专人才培养质量的因素，并对各因素进行了对比和排序，有针对性地提出了解决的方法。在此基础上，课题组制定了一系列切实可行的"全方位育人"制度，在昆明冶金高等专科学校物流学院进行试点后，又将完善后的制度在昆明冶金高等专科学校进行了普及，取得了显著的成效。

2. 课题组形成论文6篇，调查报告2份，管理制度一套。

3. 课题研究成果在昆明冶金高等专科学校得到应用，取得明显成效，提升了人才培养质量，扩大了学校的影响，为云南省高职高专院校人才培养提供了可行的借鉴。

通过两年的实施，昆明冶金高等专科学校物流学院已从2006年前存在诸多问题，学生素质不高，教师职称晋升、学历提升、教研科研积极性不高的情况转变为现在的部分专业在行业内有较高声誉，毕业生就业质量高，学生学习积极、综合素质高，教师教学热情高涨、积极提升教研科研能力。

"全方位育人"制度在昆明冶金高等专科学校的普及，使得学校教职工积极进取、团结一致，努力为学生创造勤奋向上、创新开拓、人文关怀的，有着丰富文体活动的校园环境。

第二部分
结题分报告

第二部分

结题分析报告

影响高职院校"五育人"工作因素的调查与研究

一、概 述

1. 研究背景

胡锦涛同志在党的十七大报告中指出:"要全面贯彻党的教育方针,坚持育人为本、德育为先,实施素质教育,提高教育现代化水平,培养德智体美全面发展的社会主义事业接班人,办好人民满意的教育。"高职院校是我国高等教育的重要组成部分,肩负着培养拥护党的基本路线,适应生产、建设、管理、服务第一线需要的,德、智、体、美等方面全面发展的高等技术应用性专门人才的责任。高职院校全体教职工都负有对大学生进行思想教育的重要职责,如何把育人工作融入学校工作的各个方面是广大教育工作者义不容辞的职责。

2. 研究目的

本项目属于"云南省高职高专院校全方位育人机制研究"的一个子项目。

高职高专院校作为培养高技能应用型人才的主阵地,肩负着培养社会主义建设者和接班人的责任,高职高专院校要将学生培养成具有专业理论知识、实际动手能力和有理想、有职业道德的社会有用人才,须建立全方位的育人机制,做到教书育人、管理育人、服务育人、活动育人和环境育人。目前,高职高专院校发展迅速,规模迅速扩大,已占领了高等教育的

"半壁江山",同时也带来了许多方面的问题,如教学质量问题、育人工作措施不到位等。本研究的目的是研究如何加强高职高专院校育人工作的具体对策,具体研究内容包括:①关于育人工作的研究,调查当前高职高专院校育人工作的现状;调查高职高专院校中影响育人工作的因素;研究提出改进高职高专院校育人工作的具体措施。②关于管理、服务、活动和环境育人工作的研究,包括调查当前高职高专院校工作的管理、服务、活动和环境育人工作现状;调查高职高专院校中影响管理、服务、活动和环境育人工作的因素;研究改进高职高专院校管理、服务、活动和环境育人工作的具体措施。

为了实现上述研究目标,在研究过程中,本文采用在社会学界常用的定性与定量相结合的方法,通过对国内相关研究资料的定性分析,结合高职教育自身的教学特点,建立"五育人"工作的理论影响因素模型。并通过科学地设置问卷、正确地抽样调查获得数据,进而恰当地运用统计学工具(主要是 SPSS11.5 统计分析软件)处理数据,依据对统计结果的统计分析来验证所建立的理论影响因素模型,从而得到目前"五育人"工作的影响因素。

3. 研究意义

通过定性与定量研究,从中得出目前高职院校教书育人、管理育人、服务育人、活动育人和环境育人工作的现状,并从多项指标中找出影响高职高专院校育人工作的主要因素,从而使学校管理者和教职工在工作中重视主要因素,提升育人的效果,为社会培养更多更好的高技能专门人才。

本课程研究结果对改进高职高专院校的育人工作有重要的实际应用价值,对我校建设国家示范高等职业院校具有一定的参考价值。本课题的这一研究视角具有较大的新颖性,符合现代高校思想政治教育理论发展的潮流。

二、文献搜索

1. 引 言

随着我国对高等职业教育的重视,一大批高等教育和职业教育的理论研究者,结合中国高等职业教育发展实际出版了大量高等职业教育的理论专著,在《中国高等教育》、《中国高教研究》等期刊开辟的高职高专教育专栏刊登了大量相关论文,在学术界掀起了对高职教育教学改革相关问题的广泛探讨。

2. 影响育人工作的关键因素

中共中央、国务院《关于进一步加强和改进大学生思想政治教育的意见》(以下简称《意见》)中指出,大学生是十分宝贵的人才资源,是民族的希望,是祖国的未来。加强和改进大学生思想政治教育,提高他们的思想政治素质,把他们培养成中国特色社会主义事业的建设者和接班人,对于全面实施科教兴国和人才强国战略,确保我国在激烈的国际竞争中始终立于不败之地,确保实现全面建设小康社会、加快推进社会主义现代化的宏伟目标,确保中国特色社会主义事业兴旺发达、后继有人,具有重大而深远的战略意义。

《意见》指出,要充分发挥课堂教学在大学生思想政治教育中的主导作用。高等学校各门课程都具有育人功能,所有教师都负有育人职责。广大教师要以高度负责的态度,率先垂范、言传身教,以良好的思想、道德、品质和人格给大学生以潜移默化的影响;要积极探索和建立社会实践与专业学习相结合、与服务社会相结合、与勤工助学相结合、与择业就业相结合、与创新创业相结合的管理体制;要建设体现社会主义特点、时代特征和学校特色的校园文化,形成优良的校风、教风和学风;要从严治教,加强管理,改善办学条件,提高教育教学质量,为大学生成长成才创造条件;要加强对家庭经济困难的大学生的资助工作;要帮助大学生树立正确的就业观念,进一步建立健全大学生就业指导机构和就业信息服务系统,提供高效优质的就业创业服务;要把大学生思想政治教育工作作为对高等学校办学质量和水平评估考核的重要指标,纳入高等学校党的建设和教育教学评估体系。

三、研究方法

1. 理论假设

在本课题的研究过程中,我们提出如下的理论假设模型,如图1所示。

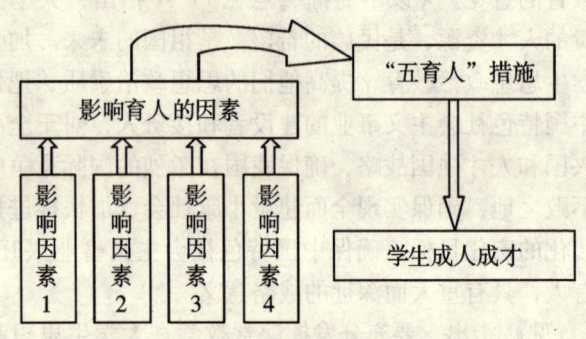

图1 影响育人因素与学生成人成才关系模型

在图1中表示,学生成人成才取决于学校的育人措施,包括教书育人、管理育人、服务育人、活动育人和环境育人五个方面。这五个方面的育人措施是全方位的,包括学校工作的方方面面,有许多因素影响着这五个方面的工作,如果我们做好这些工作,就能培养出德才兼备的高职人才。

2. 变量解释

"五育人"是教书育人、管理育人、服务育人、活动育人和环境育人的简称,指学校的一切工作都必须以育人为中心,这是一种整体教育观,几乎涵盖了学校的全部工作。这就昭示着学校的一切工作都是为了培养人、教育人,都是为学生的健康成长服务的。其工作着重点是学生的思想道德教育,而不断提高学生的爱国主义、集体主义、社会主义思想是"五育人"工作的灵魂。

3. 研究性质

正如本文的第二章所述,国内的许多教育工作者对教学沟通的问题展开了广泛的研究,他们的研究有些是基于定性分析的结果,有些是在定性研究和定量研究的基础上获得的研究结论,其中绝大部分是定性分析的结果,这对于结果的应用具有一定的局限性。本研究将采用国际通用的问卷调查的方法收集数据,经过分析所收集的数据,从而验证理论假设是否符合客观的现实情况,并进一步修正和解释理论假设。

本研究是在高职高专院校教育过程中,关于如何更好地做好"五育人"工作的探索研究。这为有效地提高高职高专学生的素质,培养具有健全人格、高尚的职业道德的高技能人才,研究制定高职教育的科学管理措施,具有十分重要的意义。

本研究通过对云南省三所高职高专学校的管理者、教师、行政工作人员和学生进行问卷调查,并且调查结果在新形势下为高职高专学校改进教学管理、学生服务提供相关的理论支持,因此本研究应当属于项目管理理论在高校思想政治工作应用的研究。

本研究采用社会调查的方法,通过问卷收集数据,然后以统计方法推算变量和变量之间的关系。因此,本研究是解释性的研究。

因为问卷发放和回收的时间是在2008年3月至8月之间完成的,所以本研究具有横剖调查的性质。

4. 研究变量及测量指标的建立

在研究中建立指标的目的是,借助指标来考察被调查者对调查问题的真实看法,并且能客观地使我们达到本研究所要达到的研究目的。

(1) 测量指标建立的过程。

经过上面的分析,我们已经清楚了各个变量之间的逻辑关系,现在的关键问题是如何找到测量影响变量教学沟通的指标,这些指标不仅能充分地表明变量的属性,而且能很好地测量被调查对象对问题的真实想法。这对于研究者是一个很大的挑战。根据社会学家艾尔·巴比的观点,指标的建立需要遵循这样的几个步骤:建立可能用于测量的指标,考察指标之间的关系,选择其中一定数量的指标用于最终的问卷调查表。

本研究测量指标的建立遵循以下步骤:

①建立测量指标库。

指标选择的原则。指标必须是可以测量的,被调查者应理解指标所表达的含义;指标所包含的含义是本研究所要测量的被调查对象的某一方面的特征;各测量指标应该具有相似的具体化程度,不能出现某些指标非常具体,而另一些指标却非常一般的现象。

指标库中指标的来源。文献搜索:参考国内相关的研究和相关著作、文章,从中找出作者在研究中所采用的指标作为参考;听取有关从事高职高专教育思想政治工作管理与研究、教学工作、行政工作的教师和在读高职学生的意见;与学校教学管理者讨论,获得他们对此问题的看法。

②最佳指标的选择。

在从测量指标库中选择所需指标时,被选择的测量指标应当遵循两个原则:完备性和排他性。完备性要求:所选择的指标必须包含被测量变量所有可能的方面;排他性要求:被选择指标之间应该没有相关性,即一个指标只能包含一个含义,而且指标所测量变量不能有重复。

(2) 问卷表的结构形式。

根据指标选择的结果,本研究采用李克特量表的形式作为问卷调查表的结构形式。在需要受访者回答的问题后列出了"完全不同意"、"不同意"、"保持中立"、"同意"、"完全同意"五个答案,这五个答案按顺序对问题所表示的意义的肯定强度依次加强,得分从"1"增加到"5"分。

①问卷调查表1(见本文附:问卷调查表1;对教书育人的调查):

第一部分,是关于被调查者的背景资料;

第二部分,是对学校教书育人情况的调查;

第三部分,是影响教书育人因素的调查。

②问卷调查表2(见本文附:问卷调查表2;对管理育人、服务育人、活动育人和环境育人的调查):

第一部分,是关于被调查者的背景资料;

第二部分,是对管理、活动、服务能否育人认识情况的调查;

第三部分,是对调查者对学校满意事项和担心事项的调查;

第四部分,是对影响管理育人、活动育人、服务育人和环境育人因素的调查。

5. 调查方法设计

问卷调查表设计好后,下一步工作就是进行大规模的问卷调查,这一步工作的成败是研究目标实现过程中非常重要的一步,为了让研究能成功地进行,并很好地达到研究所确立的目标,我们必须科学地设计抽样的方法。

(1) 样本基本情况的确定。

本研究的总体是云南省范围三所高职高专管理者、教师、行政工作人员和学生,调查他们认为哪些是学校"五育人"

工作的主要影响因素。对样本说明如下：

管理者：指高职高专院校校级领导和中层管理者，包括校领导，学院党政领导，组织部、宣传部、学生处、教务处、就业处、实训处、质量控制等部门领导。

教师：指承担理论教学（专职兼职）、实践教学课程的教师（校内与校外）、班主任、辅导员等。

行政工作人员：指高职高专院校从事学生管理和服务的工作人员，如学生处、就业处、财务处和后勤处等部门工作人员。

学生：指高职高专院校在校学生，即一、二、三年级学生。

样本数的确定是根据统计学的理论，在社会学的研究过程中，样本的数量越大，则数据更能说明总体的特征。但是，在研究过程中，我们受到研究资源等条件的限制而无法取得很大的样本数，对于所要选择的样本的大小为多少比较合适，大家都没有一个恰当的说法，许多学者对此问题有不同的看法。比如，学者马庆国提供了一种在确定的调查费用情况下如何确定样本数量的方法；学者李沛良指出在确定调查样本数的时候，主要考虑的原则是根据所能付出的研究代价的最大限度抽取最大的样本；学者 Gay 提出了样本的数量不能少于 30 个的说法。根据研究经费等实际限制条件，在本研究中，确定的样本数为 650 个被调查者。

（2）调查方法设计。

确定了被调查对象的基本范围后，我们将按如下的步骤来实施问卷调查。

①样本大小的选择。考虑到研究资源有限，但同时减少抽样误差，选取的样本大小为 650 份。

②抽样方法。本研究采取随机抽样的方法在云南省三所高

职高专学校中进行抽样调查,采取分阶段整体抽样的方法,即先在每所学校随机抽取五个系,然后在每个系中随机抽取三个班,对所有被抽取班级的所有学生的任课老师采取面对面的问卷调查,对学生则选择上课时间进行现场问卷调查。

在调查过程中,有本研究小组的成员参加了问卷调查。

6. 数据分析方法设计和变量分值的计算方法

(1) 数据分析处理程序。

问卷收回以后,对数据按以下的过程进行分析。

①选择有效问卷。在收回来的问卷中,选择填写完整,答案不完全相同的问卷。

②指定名称。为了在数据统计分析软件 SPSS11.5 中方便进行分析,需要对问卷中的每一个被调查者所要回答的问题项指定一个唯一的名称,在研究中将根据设计好的问卷调查表上指标的顺序依次对它们进行命名。

③数据编码。在数据分析过程中,为了方便计算每个被调查者在调查表上的得分,需要对问卷调查表中的指标编码,用"5"表示被调查对象认为该项标准评价项目成功是非常重要的,"1"表示被调查对象不同意该项标准评价项目的成功。

④变量数据探索。数据探索的目的:一是检查或发现数据中的错误;二是从探索变量变化的分布特征看变量服从何种概率分布规律,从而选择相应的统计分析方法。

⑤项目分析。项目分析的目的是找出问卷表中没有显著鉴别意义的指标。

⑥结构效度和信度分析。结构效度与信度分析的目的是分析按照图 1 所示的理论假设模型建立起来的问卷的有效性,并删除问卷中没有显著鉴别意义的指标,保留能更好地包含统计意义的指标项目进行针对研究目标的统计分析。根据学者 Gay (1992) 等人认为的 0.70 以上是可以接受的信度值,本研究

以 0.70 为评价问卷信度的数值指标。

⑦主成因子分析。主成因子分析的目的是简化数据,把大量的数据(测量指标)简化成几个能反应指标信息的因子;用几个因子来反应数据的基本结构;从大量的数据中抽象出共同的本质,以便建立影响教学沟通效果的主要因素。

⑧描述性统计分析。对被调查对象基本信息的分析,可以作为对研究结果讨论的依据之一。

本研究的数据分析过程可以见图2。

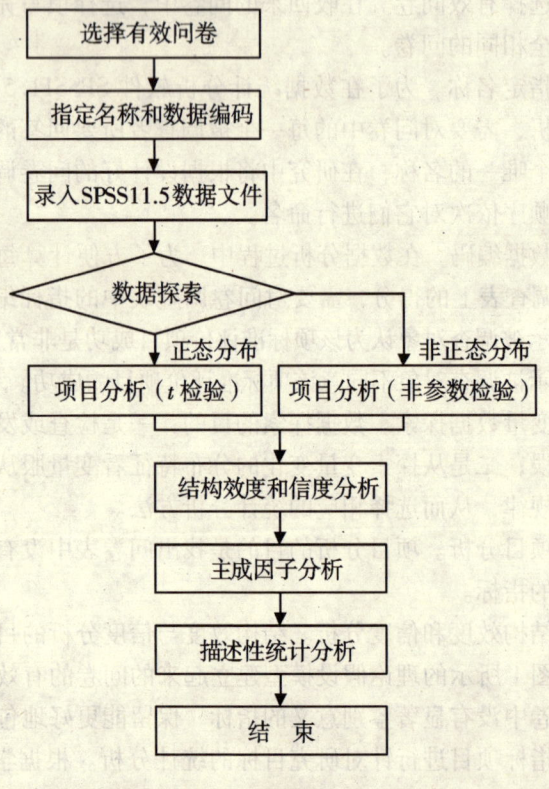

图2 数据处理过程

(2) 指标命名。

对问卷调查表 1 中被调查对象需要回答的指标项进行命名，如表 1 和表 2 所示。

表 1　问卷调查表 1 中的各指标命名

名称	指　　标	名称	指　　标
Z1	教师忠诚党的教育事业	G25	教师上课对学生具有感染力
Z2	教师是中国共产党党员	G26	教师的教学内容丰富
Z3	教师经常学习党的方针政策，具有坚定的共产主义信念	G27	教师在教学中注重培养学生的学习兴趣，充分调动学生学习的积极性
Z4	教师保持一种积极进取的心态	X28	学校领导重视教书育人工作
Z5	教师有正确的世界观、人生观和价值观	X29	学校定期研究安排教书育人工作
Z6	教师具有崇高的职业荣誉感和强烈的事业心	X30	学校建立教书育人工作的领导管理体制
Z7	教师遵循职业道德	X31	学校建立教书育人的考核措施
Z8	教师关心爱护学生	X32	学校大力表彰教书育人的教师
Z9	教师以身作则，为人师表	X33	学校加强对教师教书育人能力的培训
Z10	教师淡泊名利	X34	学校在课程设置中加入相应教书育人的内容
Z11	教师具有团队合作精神	X35	学校将"两课"作为教书育人工作的重要渠道
Z12	教师能意识到教书育人是自己的重要职责之一	X36	学校将教书育人工作贯穿在各种教学活动中，如课堂教学、校内校外实习实训等

续 表

名称	指 标	名称	指 标
Y13	教师具有高学历与高职称	X37	学校将教书育人工作贯穿在各种课外活动中
Y14	教师有很强的专业实践技能	B38	学生愿意参加学校组织的各种教书育人活动
Y15	教师科研成果、论文著作丰硕	B39	学生尊敬、热爱和信任教师
Y16	教师具有丰富的教学经验	B40	学生有较强的自我约束能力
Y17	教师教学年限长	B41	学生有良好的道德品质
Y18	教师具有创新思维	B42	学生愿意勤奋学习
Y19	教师严谨治学	B43	学生积极申请加入党组织
Y20	教师具有广博的知识	B44	学生愿意参加集体活动
G21	教师将育人工作贯穿于整个教学过程中	B45	学生愿意为其他同学提供帮助和服务
G22	教师在教学中注重调动学生的主动性和积极性	B46	学生关心国家大事,有社会责任感
G23	教师注重研究教学方法和改进教学手段	B47	学生有明确的学习目标
G24	教师在教学中注重培养学生的创新能力	B48	学生的学习自主性强

表 2　问卷调查表 2 中的各指标命名

名称	指 标	名称	指 标
M1	学校坚持党的教育方针,遵守国家法律法规	S31	学校为学生就业提供帮助
M2	学校严格执行上级教育主管部门的有关政策	S32	学校安排班主任、辅导员参与学生服务工作

续　表

名称	指标	名称	指标
M3	学校制定了有关学生管理的各种制度	S33	班主任和辅导员专业素质高、专业技能高
M4	学校依据学生管理的相关政策进行奖励和惩处	S34	班主任和辅导员思想素质好、沟通能力强
M5	学校通过各种管理手段，提高教师的教学水平	S35	班主任和辅导员多才多艺，积极组织文艺和体育活动
M6	学校通过各种办法，提高职工的服务水平	S36	学校的教职工关心和爱护学生
M7	学校能通过管理，及时发现教学活动中存在的任何问题，并及时进行处理	S37	学校关心贫困学生，并为他们创造勤工助学机会
M8	学校进行广泛的人才需求调查，制定的人才培养方案能培养出具有良好职业道德与能力的学生	S38	学生服务部门的教职工服务态度好
M9	学校制定严密的教学管理工作流程，并遵照执行，出现问题及时纠偏	S39	学生服务部门的职工职称水平高，学历高
M10	对教学进行全面质量管理，特别是教学过程的监控	S40	学生服务部门的职工数量多
M11	严格处理影响教学质量和教学管理规定的相关工作人员	S41	学校能为学生就业提供优质服务
M12	对学生的评奖评优客观、公正	S42	学校能为大学生排解思想出现的难题
M13	对教师教学效果的评价客观公正并与绩效挂钩	S43	学生信任和依靠班主任和辅导员

续 表

名称	指 标	名称	指 标
M14	实训室、机房或多媒体教室管理规范，使用率高	E44	学校有优良的校风和光荣的传统
M15	对学生制定了严格的考勤制度，并认真执行	E45	学校教师有良好的教学风气
M16	对学生宿舍进行严格管理，登记进出的探视人员	E46	学校学生有良好的学习风气
M17	对食堂的食品质量、卫生、数量及价格进行管理	E47	学校办学历史长
A18	学校开展丰富多彩的教学活动	E48	学校形成了健康的、积极向上的校园文化氛围
A19	学校开展丰富多彩的社会实践活动	E49	学校有新建的教学大楼、体育馆等良好的设施
A20	学校开展丰富多彩的文艺、体育活动	E50	学校校园面积非常大
A21	学生开展各种团学活动，如公益活动	E51	学校校园绿化率高，有树、花和草、景观小品等
A22	学生参加勤工助学活动	E52	学校的食堂干净、卫生、整洁
A23	学生参加职业资格证书的培训与考试活动	E53	学生与教师、学生与学生、教师与教师之间友好交往
A24	学校结合学生情况开展经常开展学术活动、科技创新活动	E54	学校教学设施设备齐全、能满足教学全部要求
A25	学生参加活动的积极性高	E55	学校校园地理位置优越，交通方便
S26	学校把为学生服务当做每位职工的重要职责	E56	学校图书室馆里图书数量和门类多
S27	学校领导重视学生服务工作	E57	学校周边环境好

续 表

名称	指　标	名称	指　标
S28	学校成立为学生服务的各种机构，并明确职责	E58	学生宿舍整洁、过道干净
S29	学生服务工作成为学校的重要工作之一	E59	教室干净、桌椅统一、光线好、通风好
S30	学校为学生申请助学贷款提供帮助	—	—

（3）调查表中的问题编码。

问卷调查表1中各个问题（包括基本信息调查问题）的编码情况如表3所示。

表3　问卷调查表1中问题的编码

问题项目	代　码	答　案	对应分值
您在教书育人活动中扮演的角色是	Role	管理者 教师 学生	1 2 3
您认为教书育人在高职教育中是否重要？	Impor	重要 一般 不重要	1 2 3
您对高职教育的了解程度？	High	很了解 了解 基本不了解 完全不了解	1 2 3 4
您对教书育人的了解程度？	Teach	很了解 了解 基本不了解 完全不了解	1 2 3 4

续 表

问题项目	代码	答 案	对应分值
您认为现在高职院校教书育人工作的情况如何？	How	非常好 很好 一般化 不好	1 2 3 4
您认为现在高职院校教师的教书育人能力的情况如何？	Skill	绝大多数教师有能力 一半的教师有能力 少数教师有能力 绝大多数没能力	1 2 3 4
您认为高职院校领导对教书育人工作的重视程度如何？	Focus	非常重视 重视 一般化 完全不重视	1 2 3 4
一、教师政治思想素质	Z	数值型	—
二、教师业务素质	Y	数值型	—
三、教学过程	G	数值型	—
四、学校措施与政策	X	数值型	—
五、学生表现	B	数值型	—

调查问卷表2中各个问题（包括基本信息调查问题）的编码情况如表4所示。

表4　问卷调查表2中问题的编码

问题项目	代码	答案	对应分值
您在为学生工作的活动中扮演的角色是	Role	管理者 教师 行政工作人员 学生	1 2 3 4
您认为能否通过提高管理水平来培养学生？	Impor	能 不能 说不清	1 2 3
您认为能否通过提高教职工的服务水平来培养学生？	High	能 不能 说不清	1 2 3
您认为能否通过开展丰富的教学活动和课外活动来培养学生？	Teach	能 不能 说不清	1 2 3
您认为能否通过美化校园环境来培养学生？	How	能 不能 说不清	1 2 3
对您的学校来说，哪项是您最满意的？	Skill	学校的管理制度 学校优美的环境 校园文化(校风、教风、学风) 学校开办的各种各样的活动(如创新比赛等) 教师提供的教学服务 职工提供的各种学生服务	1 2 3 4 5 5
对您的学校来说，哪项是您最担心的？	Focus	学生缺课 教师的工作积极性 学校管理制度的科学性 学生活动的经费来源	1 2 3 4
一、管理育人	M	数值型	—
二、活动育人	A	数值型	—
三、服务育人	S	数值型	—
四、环境育人	E	数值型	—

(4) 变量的分值计算方法。

问卷调查表上的信息录入数据分析软件 SPSS11.5 后，需要对录入数据依据研究的目的进行相关处理。其具体的处理过程如下：

对问卷调查表进行数据录入的时候，对于每一个指标，我们依据所收回的问卷中的选项情况进行录入。例如表 3 中第一个指标，如果被调查对象选择了"学生"项，那么在录入数据时录入的分数就是 3，各选择项的录入准则与此对应。

根据上面的数据录入方法我们最终得到一个关于所有被调查对象对各指标看法的数据表，然后对数据表中的数据利用 SPSS11.5 统计分析软件进行统计分析。

四、影响教书育人工作因素的调查研究结果

1. 情况分析

（1）调查问卷回收情况分析。

本研究共向云南省三所高职院校的管理者、教师和学生随机发放调查表 1 共 650 份，收回 581 份，其中有效调查表 543 份，其中管理者样本为 54 份，占总样本的 9.9%；教师样本为 173 份，占总样本的 31.9%；学生样本为 316 份，占总样本的 58.2%。无效调查表 38 份，从中剔除。

（2）被调查对象基本情况分析。

①被调查对象角色情况分析。

从图 3 中可以看出，被调查对象分别为学生（58.2%）、管理者（9.9%）、教师（31.9%），其中学生人数最多。被调查对象的分布情况与调查过程中的抽样方法有关，在解释结论的时候，需要把抽样方法和调查分布情况结合在一起进行说明。

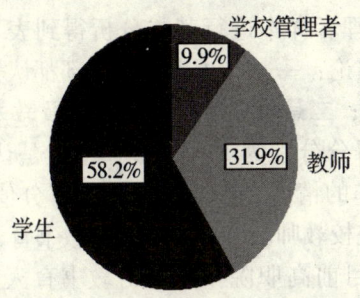

图3 调查对象基本情况分析结果

②不同的调查对象对基本问题的看法分析。

表5 学校管理者对有关问题的看法分析

被调查问题	总分	N	Mean	Std. Deviation	在总分中所占的比例	被调查对象中管理者所占比例
您认为教书育人在高职教育中是否重要?	57	54	1.06	.231	9.4%	9.9%
您对高职教育的了解程度?	99	54	1.83	.541	8.4%	9.9%
您对教书育人的了解程度?	93	54	1.72	.564	8.5%	9.9%
您认为现在高职院校教书育人工作的情况如何?	144	54	2.67	.514	9.7%	9.9%
您认为现在高职院校教师的教书育人能力情况如何?	97	54	1.80	.855	10.3%	9.9%
您认为高职院校领导对教育育人工作的重视程度如何?	111	54	2.06	.763	9.3%	9.9%

对 54 个管理者样本进行基本分析得到表 5，从表中可以分析得出以下结论：一是管理者几乎全部都认为教书育人很重要，得分接近 1；二是管理者对高职教育及教书育人了解程度都很高，平均得分分别为 1.83、1.72；三是认为目前高职院校教书育人工作的情况一般化、不理想，分值为 2.67；四是认为目前高职院校教师只有一半多具备教书育人能力，分值为 1.8；五是认为目前高职院校领导对教书育人工作是重视的，分值为 2.06。

表 6　教师对有关问题的看法分析

被调查问题	总分	N	Mean	Std. Deviation	在总分中所占的比例	被调查对象中管理者所占比例
您认为教书育人在高职教育中是否重要？	182	173	1.05	.247	30.1%	31.9%
您对高职教育的了解程度？	338	173	1.95	.515	28.7%	31.9%
您对教书育人的了解程度？	305	173	1.76	.513	28.0%	31.9%
您认为现在高职院校教书育人工作的情况如何？	453	173	2.62	.651	30.5%	31.9%
您认为现在高职院校教师的教书育人能力情况如何？	277	173	1.60	.688	29.5%	31.9%
您认为高职院校领导对教育育人工作的重视程度如何？	358	173	2.07	.744	29.9%	31.9%

对 173 个教师样本进行基本分析得到如表 6，从表中可以分析得出以下结论：一是教师几乎全部都认为教书育人很重要，分值为 1.05；二是教师对高职教育及教书育人了解程度都很高，平均得分分别为 1.95、1.76；三是认为目前高职院

校教书育人工作的情况一般化、不理想，分值为 2.62；四是认为目前高职院校教师的教书育人能力有一半多的人具备，分值为 1.6；五是认为目前高职院校领导对教书育人工作是重视的，分值为 2.07。

表 7 学生对有关问题的看法分析

被调查问题	总分	N	Mean	Std. Deviation	在总分中所占的比例	被调查对象中管理者所占比例
您认为教书育人在高职教育中是否重要？	366	316	1.16	.383	60.5%	58.2%
您对高职教育的了解程度？	742	316	2.35	.568	62.9%	58.2%
您对教书育人的了解程度？	690	316	2.18	.573	63.4%	58.2%
您认为现在高职院校教书育人工作的情况如何？	887	316	2.81	.589	59.8%	58.2%
您认为现在高职院校教师的教书育人能力情况如何？	566	316	1.79	.793	60.2%	58.2%
您认为高职院校领导对教书育人工作的重视程度如何？	727	316	2.30	.682	60.8%	58.2%

对 316 个学生样本进行基本分析得到如表 7。从表中可以分析以下结论：一是绝大部分学生认为教书育人很重要，分值为 1.16；二是学生对高职教育及教书育人都只接近于了解，平均得分分别为 2.35、2.18；三是学生认为目前高职院校教书育人工作的情况不理想，分值为 2.81；四是学生认为目前高职院校教师只有一半多具备教书育人能力，分值为 1.79；五是学生认为目前高职院校领导对教书育人工作是重视的，分值为 2.3。

综合表5、表6和表7，对比分析管理者、教师和学生的调查结果，我们归纳出以下结论。

第一，三类被调查者都认为教书育人工作在高职教育中具有非常重要的地位。管理者和教师对高职教育与教书育人工作的认识比学生强，这主要是因为管理者和教师是专门从事教育的，对高职教育和教书育人工作有更多的过程体验。

第二，教师对自己的教书育人能力评价高于管理者和学生，但都认为有一部分教师教书育人能力不强，需要加强。

第三，三类被调查者都认为高职院校领导对教书育人工作是重视的，但学生的评价要偏低，需要学校领导和教师进行宣传。

以上调查结论更加说明了本研究的重要性。

（3）数据分布分析。

通过对各指标采集的数据分析，表明所有指标数据呈正态分布，此种分布决定了将要采用的数据分析方法。图4列示了问卷调查表1中指标Z1的数据分布分析结果。

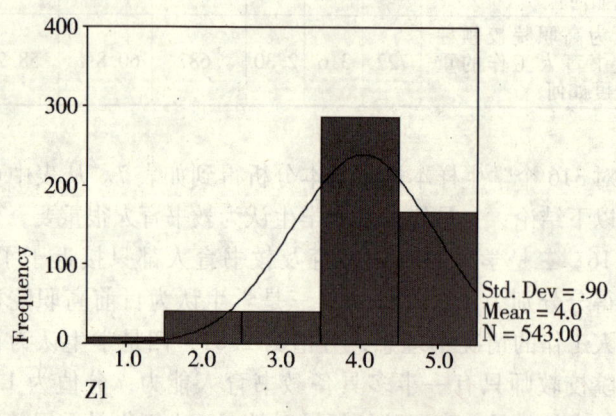

图4 指标Z1的数据分布分析结果

2. 数据基本统计分析

(1) 主要目的。

说明调查过程中,所采用的问卷调查表中的指标是否具有较好的鉴别能力,以便为得出研究结论提供基础,即研究过程中所采用的测量手段是否科学。

(2) 分析的方法。

首先对各问卷进行分组,分为高分组和低分组。分组的依据是各调查样本在所有指标上所得到的总分,从低分到高分,选取样本前30%作为低分组;从高分到低分,选取前30%作为高分组。然后采用独立样本 t-test 检验高分组和低分组在每一个指标项上的差异,置信水平为95%;后采用独立样本 t-test 检验高分组和低分组在每一个指标上的差异,置信水平为95%。分组统计量表见表8,独立样本 t-test 检验的结果如表9所示。

表8 分组统计量表

指标	组别	人数	平均数	标准差	平均数标准误差	指标	组别	人数	平均数	标准差	平均数标准误差
Z1	1.00	165	4.39	.730	.057	G5	1.00	165	4.65	.479	.037
	2.00	172	3.59	1.013	.077		2.00	172	3.98	.737	.056
Z2	1.00	165	3.22	1.201	.094	G6	1.00	165	4.65	.477	.037
	2.00	172	2.25	.879	.067		2.00	172	3.91	.691	.053
Z3	1.00	165	4.06	.860	.067	G7	1.00	165	4.73	.447	.035
	2.00	172	2.98	1.000	.076		2.00	172	4.10	.664	.051
Z4	1.00	165	4.79	.406	.032	X1	1.00	165	4.72	.453	.035
	2.00	172	4.26	.728	.056		2.00	172	4.16	.843	.064
Z5	1.00	165	4.79	.410	.032	X2	1.00	165	4.55	.499	.039
	2.00	172	4.30	.694	.053		2.00	172	3.66	.888	.068

续 表

指标	组别	人数	平均数	标准差	平均数标准误差	指标	组别	人数	平均数	标准差	平均数标准误差
Z6	1.00	165	4.77	.422	.033	X3	1.00	165	4.56	.567	.044
	2.00	172	4.34	.720	.055		2.00	172	3.66	.933	.071
Z7	1.00	165	4.79	.406	.032	X4	1.00	165	4.50	.611	.048
	2.00	172	4.27	.702	.053		2.00	172	3.48	.841	.064
Z8	1.00	165	4.74	.440	.034	X5	1.00	165	4.45	.648	.050
	2.00	172	4.17	.760	.058		2.00	172	3.53	.988	.075
Z9	1.00	165	4.68	.516	.040	X6	1.00	165	4.62	.487	.038
	2.00	172	4.31	.728	.056		2.00	172	3.94	.719	.055
Z10	1.00	165	4.15	.823	.064	X7	1.00	165	4.48	.631	.049
	2.00	172	3.07	1.057	.081		2.00	172	3.59	.822	.063
Z11	1.00	165	4.66	.488	.038	X8	1.00	165	4.43	.646	.050
	2.00	172	3.87	.792	.060		2.00	172	3.39	.921	.070
Z12	1.00	165	4.70	.461	.036	X9	1.00	165	4.65	.490	.038
	2.00	172	4.15	.777	.059		2.00	172	3.84	.814	.062
Y1	1.00	165	3.94	.874	.068	X10	1.00	165	4.64	.505	.039
	2.00	172	2.94	.935	.071		2.00	172	3.76	.764	.058
Y2	1.00	165	4.75	.447	.035	B1	1.00	165	4.53	.547	.043
	2.00	172	4.10	.849	.065		2.00	172	3.74	.833	.064
Y3	1.00	165	3.88	.822	.064	B2	1.00	165	4.69	.476	.037
	2.00	172	2.75	.846	.064		2.00	172	4.05	.656	.050
Y4	1.00	165	4.62	.546	.043	B3	1.00	165	4.67	.498	.039
	2.00	172	3.90	.795	.061		2.00	172	4.07	.645	.049
Y5	1.00	165	3.41	1.088	.085	B4	1.00	165	4.79	.406	.032
	2.00	172	2.41	.897	.068		2.00	172	4.22	.610	.047
Y6	1.00	165	4.63	.497	.039	B5	1.00	165	4.67	.473	.037
	2.00	172	3.78	.784	.060		2.00	172	3.96	.805	.061
Y7	1.00	165	4.56	.521	.041	B6	1.00	165	4.16	.843	.066
	2.00	172	3.88	.740	.056		2.00	172	2.87	.997	.076

续 表

指标	组别	人数	平均数	标准差	平均数标准误差	指标	组别	人数	平均数	标准差	平均数标准误差
Y8	1.00	165	4.70	.471	.037	B7	1.00	165	4.50	.537	.042
	2.00	172	4.02	.725	.055		2.00	172	3.58	.749	.057
G1	1.00	165	4.71	.469	.036	B8	1.00	165	4.50	.611	.048
	2.00	172	3.94	.727	.055		2.00	172	3.68	.762	.058
G2	1.00	165	4.79	.410	.032	B9	1.00	165	4.68	.541	.042
	2.00	172	4.07	.608	.046		2.00	172	3.82	.856	.065
G3	1.00	165	4.68	.468	.036	B10	1.00	165	4.75	.433	.034
	2.00	172	4.08	.658	.050		2.00	172	4.21	.677	.052
G4	1.00	165	4.73	.460	.036	B11	1.00	165	4.75	.451	.035
	2.00	172	4.07	.663	.051		2.00	172	4.24	.657	.050

表9 独立样本 t 检验表

题项	Levene's Test for Equality of Variances		t-test for Equality of Means							
	F 值	Sig. 显著性检验	t 值	df 自由度	t 值显著性	平均数差异	差异值标准误差	95% Confidence Interval of the Difference		
								Lower	Upper	
Z1	20.545	.000	8.297	335	.000	.80	.097	.611	.991	
			8.351	311.153	.000	.80	.096	.612	.990	
Z2	30.990	.000	8.519	335	.000	.97	.114	.749	1.199	
			8.466	299.931	.000	.97	.115	.748	1.201	
Z3	10.906	.001	10.590	335	.000	1.08	.102	.878	1.278	
			10.623	331.145	.000	1.08	.101	.878	1.278	
Z4	30.617	.000	8.330	335	.000	.54	.065	.411	.665	
			8.422	270.022	.000	.54	.064	.412	.664	

续 表

题项	Levene's Test for Equality of Variances		t-test for Equality of Means						
	F值	Sig.显著性检验	t值	df自由度	t值显著性	平均数差异	差异值标准误差	95% Confidence Interval of the Difference	
								Lower	Upper
Z5	38.231	.000	7.781	335	.000	.49	.062	.363	.608
			7.860	279.590	.000	.49	.062	.364	.607
Z6	40.806	.000	6.597	335	.000	.43	.065	.299	.554
			6.665	278.214	.000	.43	.064	.301	.553
Z7	37.500	.000	8.295	335	.000	.52	.063	.397	.644
			8.382	276.035	.000	.52	.062	.398	.643
Z8	20.920	.000	8.305	335	.000	.56	.068	.431	.699
			8.391	276.324	.000	.56	.067	.432	.698
Z9	13.229	.000	5.460	335	.000	.38	.069	.241	.512
			5.498	308.593	.000	.38	.069	.242	.512
Z10	8.450	.004	10.449	335	.000	1.08	.104	.878	1.285
			10.502	321.567	.000	1.08	.103	.879	1.284
Z11	2.376	.124	10.954	335	.000	.79	.072	.647	.930
			11.057	286.295	.000	.79	.071	.648	.929
Z12	5.026	.026	7.881	335	.000	.55	.070	.414	.689
			7.960	280.071	.000	.55	.069	.415	.688
Y1	3.661	.057	10.107	335	.000	1.00	.099	.803	1.192
			10.121	334.790	.000	1.00	.099	.804	1.191
Y2	21.801	.000	8.773	335	.000	.65	.074	.506	.799
			8.877	261.412	.000	.65	.074	.508	.797
Y3	5.034	.026	12.486	335	.000	1.13	.091	.956	1.314
			12.493	334.939	.000	1.13	.091	.956	1.314
Y4	.543	.462	9.688	335	.000	.72	.075	.576	.870
			9.760	303.952	.000	.72	.074	.577	.869

续表

题项	Levene's Test for Equality of Variances		t-test for Equality of Means						
	F值	Sig.显著性检验	t值	df自由度	t值显著性	平均数差异	差异值标准误差	95% Confidence Interval of the Difference	
								Lower	Upper
Y5	9.680	.002	9.273	335	.000	1.01	.108	.792	1.218
			9.236	317.969	.000	1.01	.109	.791	1.219
Y6	6.398	.012	11.773	335	.000	.85	.072	.704	.987
			11.878	290.953	.000	.85	.071	.705	.986
Y7	.011	.916	9.712	335	.000	.68	.070	.542	.818
			9.781	307.793	.000	.68	.070	.543	.817
Y8	.503	.479	10.157	335	.000	.68	.067	.548	.811
			10.244	295.148	.000	.68	.066	.549	.810
G1	.613	.434	11.552	335	.000	.77	.067	.641	.905
			11.652	293.872	.000	.77	.066	.642	.904
G2	.001	.980	12.662	335	.000	.72	.057	.607	.830
			12.761	301.099	.000	.72	.056	.607	.829
G3	.807	.370	9.660	335	.000	.60	.062	.480	.726
			9.727	309.372	.000	.60	.062	.481	.725
G4	1.074	.301	10.535	335	.000	.66	.062	.535	.780
			10.612	305.531	.000	.66	.062	.536	.779
G5	1.201	.274	9.789	335	.000	.67	.068	.532	.800
			9.872	294.999	.000	.67	.067	.533	.799
G6	.000	.988	11.421	335	.000	.74	.065	.614	.870
			11.506	304.635	.000	.74	.064	.615	.869
G7	1.090	.297	10.155	335	.000	.63	.062	.507	.750
			10.235	300.722	.000	.63	.061	.508	.749
X1	12.766	.000	7.451	335	.000	.55	.074	.407	.698
			7.537	264.410	.000	.55	.073	.408	.697

续 表

题项	Levene's Test for Equality of Variances		t-test for Equality of Means						
	F 值	Sig. 显著性检验	t 值	df 自由度	t 值显著性	平均数差异	差异值标准误差	95% Confidence Interval of the Difference	
								Lower	Upper
X2	19.487	.000	11.339	335	.000	.89	.079	.739	1.050
			11.463	271.438	.000	.89	.078	.741	1.048
X3	19.802	.000	10.657	335	.000	.90	.085	.734	1.067
			10.760	284.122	.000	.90	.084	.736	1.065
X4	17.897	.000	12.623	335	.000	1.01	.080	.856	1.172
			12.704	312.374	.000	1.01	.080	.857	1.172
X5	29.198	.000	10.124	335	.000	.93	.091	.746	1.105
			10.208	296.649	.000	.93	.091	.747	1.104
X6	.042	.837	10.157	335	.000	.68	.067	.550	.814
			10.236	301.910	.000	.68	.067	.551	.813
X7	9.098	.003	11.143	335	.000	.89	.080	.734	1.049
			11.203	319.722	.000	.89	.080	.735	1.048
X8	22.262	.000	11.968	335	.000	1.04	.087	.870	1.212
			12.053	307.227	.000	1.04	.086	.871	1.211
X9	6.027	.015	11.108	335	.000	.82	.074	.673	.962
			11.217	282.309	.000	.82	.073	.674	.961
X10	8.252	.004	12.512	335	.000	.89	.071	.747	1.026
			12.615	298.026	.000	.89	.070	.748	1.025
B1	5.379	.021	10.152	335	.000	.78	.077	.631	.935
			10.236	296.793	.000	.78	.077	.633	.934
B2	.234	.629	10.279	335	.000	.64	.063	.521	.768
			10.346	312.279	.000	.64	.062	.522	.767
B3	1.529	.217	9.481	335	.000	.60	.063	.473	.721
			9.531	320.479	.000	.60	.063	.474	.720

续 表

题项	Levene's Test for Equality of Variances		t-test for Equality of Means						
	F 值	Sig. 显著性检验	t 值	df 自由度	t 值显著性	平均数差异	差异值标准误差	95% Confidence Interval of the Difference	
								Lower	Upper
B4	19.822	.000	10.111	335	.000	.57	.057	.462	.684
			10.193	298.843	.000	.57	.056	.462	.684
B5	1.076	.300	9.787	335	.000	.71	.072	.565	.850
			9.886	278.622	.000	.71	.072	.567	.848
B6	6.494	.011	12.874	335	.000	1.30	.101	1.099	1.496
			12.918	329.863	.000	1.30	.100	1.100	1.495
B7	13.855	.000	12.930	335	.000	.92	.071	.781	1.062
			13.017	310.286	.000	.92	.071	.782	1.061
B8	4.399	.037	10.903	335	.000	.82	.075	.674	.971
			10.953	324.824	.000	.82	.075	.675	.971
B9	12.040	.001	10.957	335	.000	.86	.078	.705	1.013
			11.056	290.413	.000	.86	.078	.706	1.012
B10	9.731	.002	8.712	335	.000	.54	.062	.420	.665
			8.788	292.553	.000	.54	.062	.421	.664
B11	19.864	.000	8.137	335	.000	.50	.062	.380	.622
			8.199	303.775	.000	.50	.061	.381	.622

(3) 结论。

第一,表8和表9的数据显示调查问卷表中所使用的指标项之间具有明显的差异,能准确地测量被调查对象对指标所反映的信息。

第二,以 B11 指标项为例说明表9的阅读方法。先看等方差假设下, $F = 19.864$,显著性水平 Sig. $= 0.000$,远远小于 0.05,那么,可以认为组1(低分组)和组2(高分组)的所有指标项所测的值的方差是不相等的。此时看方差不相等假设下

所列的 $t = 8.199$，此时 Sig. $= 0.000$，表明 t 值显著，表示指标 B11 具有很好的鉴别能力。或者，判断高分组和低分组平均数方差检验的 t 值是否显著，除参考概率值 p 值外，也可以参考方差值的 95% 的置信区间，如果该置信区间未包含 0 在内，表示指标项在高分组和低分组中方差显著，具有很好的鉴别能力。所以，依据这两种方法分析调查问卷表 2 中的每一个指标，可以得出：调查过程中采用的指标具有较好的鉴别能力，通过调查所获得的数据质量较好，为结论提供了一个好的基础。

3. 因子分析

最早提出因子分析的是英国理学家 C. E. 斯皮尔曼。在各个领域的科学研究中，往往需要对反映事物的多个变量进行大量观测，收集大量信息以便进行规律寻找。多变量大样本无疑会提供丰富的信息，有利于科学研究的合理性，但同时带来的问题是数据采集的难度增大，而且许多变量之间可能存在的相关性增加，从而增加了问题分析的复杂性。因子分析可将现实生活中众多相关、重叠的信息进行合并和综合，将原始的多个变量和指标变成较少的几个综合变量和综合指标，以利于分析判定。其目的是为了描述隐藏在一组测量到的变量中的一些更基本的，但又无法直接测量到的隐性变量。本研究对问卷中列举的 48 个具体的影响因素进行了二阶因子分析。分析过程中设定的参数如下：

第一，使用主成因子分析法估计因素负荷量；

第二，在提取公因子的过程中，以特征值大于 1 为基准（主要是依据学者 Kaiser、吴明隆等人的理论），即只要特征值大于 1 的因子都将被提取为公因子；

第三，设定因子分析收敛的最大迭代步数为 25；

第四，当 KMO 值大于 0.5 时，指标适合作因子分析；

第五，因素负荷量基准为 0.10。

(1) 第一次因子分析。

KMO 是 Kaiser-Meyer-Olkin 的适当性数量，KMO 值越大，表示变量间的共同因素越多，越需要进行因素分析。根据学者 Kaiser 的观点，当 KMO 值大于 0.5 时，才适宜作因子分析。在表 10 中显示 KMO 值为 0.910，表示适合作因子分析；如果依据 Bartlett's 检验数据，同样可以得到适合作因子分析的结论。

表 10　KMO 及 Bartlett's 检验

KMO 检验		0.910
Bartlett's 球形检验	卡方检验值	9182.236
	自由度	1128
	显著性	0.000

分析所得的碎石图如图 5 所示，从陡坡图中可以看出从第 10 个因子后坡度开始变得平坦，因此保留 10 个左右的因子比较合适。

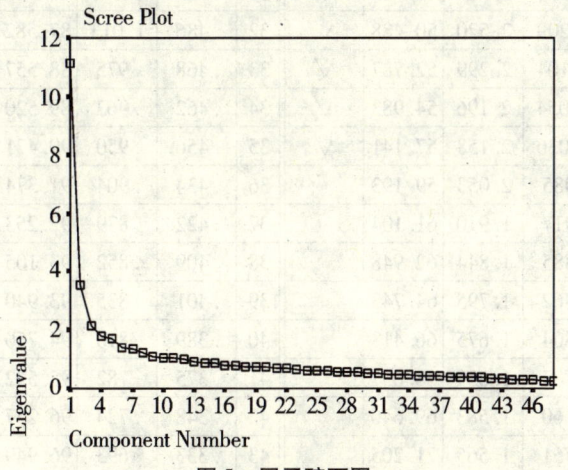

图 5　因子碎石图

表 11 是未转轴前数据的整体解释的偏差，表中数据说明以下几点：一是左边的 48 个成分因子的特征值总和等于 48（变量总数）；二是解释偏差量为特征值除以变量总数，如第一个特征值的解释偏差量为 11.114/48 = 23.155%；三是把左边 48 个因子的特征值大于 1 的指标标注出来。大于 1 的共有 11 个，即为因子分析时所抽取出来的共同因子。

表 11　整体解释的偏差——未转轴前的数据

变量	转轴前特征值	偏差数百分比	累积百分比	特征值>1者	变量	转轴前特征值	偏差数百分比	累积百分比	特征值>1者
1	11.114	23.155	23.155	√	25	.607	1.265	79.555	
2	3.519	7.331	30.485	√	26	.598	1.246	80.801	
3	2.148	4.475	34.960	√	27	.586	1.220	82.021	
4	1.778	3.705	38.665	√	28	.572	1.191	83.212	
5	1.715	3.572	42.237	√	29	.558	1.163	84.375	
6	1.417	2.951	45.189	√	30	.538	1.121	85.496	
7	1.334	2.780	47.969	√	31	.515	1.073	86.569	
8	1.209	2.520	50.488	√	32	.486	1.013	87.582	
9	1.104	2.299	52.787	√	33	.468	.975	88.557	
10	1.054	2.196	54.983	√	34	.462	.963	89.520	
11	1.036	2.158	57.141	√	35	.456	.950	90.471	
12	.985	2.053	59.193		36	.434	.904	91.374	
13	.917	1.910	61.104		37	.422	.879	92.253	
14	.885	1.844	62.948		38	.409	.852	93.105	
15	.862	1.795	64.743		39	.401	.835	93.940	
16	.804	1.675	66.418		40	.389	.810	94.750	
17	.787	1.639	68.057		41	.375	.782	95.532	
18	.760	1.583	69.640		42	.348	.724	96.257	
19	.751	1.565	71.205		43	.333	.693	96.949	

续 表

变量	转轴前特征值	偏差数百分比	累积百分比	特征值>1者	变量	转轴前特征值	偏差数百分比	累积百分比	特征值>1者
20	.722	1.504	72.709		44	.325	.677	97.627	
21	.696	1.451	74.160		45	.311	.648	98.275	
22	.685	1.427	75.587		46	.288	.601	98.875	
23	.665	1.386	76.973		47	.272	.567	99.442	
24	.632	1.316	78.289		48	.268	.558	100.000	

表12 整体解释的偏差——转轴后的数据

变量	转轴后特征值	偏差数百分比	累积百分比
1	6.017	9.705	9.705
2	5.937	9.577	19.282
3	5.296	8.542	27.824
4	4.316	6.961	34.785
5	4.166	6.720	41.505
6	3.996	6.445	47.950
7	3.779	6.095	54.045
8	2.970	4.790	58.835
9	2.022	3.261	62.096
10	1.265	2.635	54.883
11	1.084	2.258	57.141
…			
X48			

表12是转轴后数据的整体解释的偏差，表中数据说明以下几点：

第一，转轴后，各共同因子的特征值会发生变化，与转轴前不同。转轴前11个共同因子的特征值分别为11.114、

3.519、2.148、1.778、1.715、1.417、1.334、1.209、1.104、1.054、1.036,特征值总和为27.428;转轴后11个共同因子的特征值分别为4.068、3.360、3.192、2.859、2.731、2.510、2.414、2.178、1.768、1.265、1.084,特征值总和为27.429,有部分因子的特征值发生改变,但是所有的共同因子的总特征值不变。此外,每个题项之共同性也没有改变,但每个题项在每个共同因子之间的因子负荷量会改变。

第二,转轴后,被所有共同因子解释的总偏差不变。转轴前11个共同因子解释的总偏差值为57.141%,转轴后11个共同因子解释的偏差量亦为57.141%。

表13 转轴后的因子矩阵

名称	因子										
	1	2	3	4	5	6	7	8	9	10	11
Z6	.706				.160				.155		.122
Z7	.697	.199			.144						
Z8	.631		.160	.163						.247	
Z5	.630		-.166		.221	.131	.136		.230		.218
Z4	.630	.106	-.116	.145	.139	.131			.299		
Z9	.614			.158			.137				-.165
Z12	.542	.208	.140	.177			.174	-.193	-.167		
Z11	.437		.346	.280			.307		-.241		
X3	.136	.737	.137			.207			-.123		
X4		.716	.202	.113		.130		.136			
X2	.107	.645	.116	.155	.252	.184	.134				-.153
X5	.119	.627	.156				.119	.243		.117	.192
X1	.291	.468			.308					.148	-.319
X7		.453	.116			.447	.147	.119		-.140	
X6		.420			.150	.264	.275		.231	.141	.352
Y5		.135	.674				.157			.188	

续表

名称	因子										
	1	2	3	4	5	6	7	8	9	10	11
Y1		.174	.661				.114				.113
Z2			.659						.472	-.133	
Z10	.210		.658	.227						-.136	
B6		.123	.595		.106	.167		.367	.235		
Y3		.257	.586				.308	.170		.121	-.214
G2	.237	.175		.694	.123	.152			.140		
G7	.204	.147		.618	.204			.119		.203	
G4				.602	.179	.173	.284		.102		-.234
G3	.148			.585	.170	.185	.290		.138	.135	
G5	.227	.208	.115	.384	.123		.123	.139	-.149		.375
G6	.226		.109	.361	.166	.287	.159	.105	-.114	.189	.315
B11	.190				.717			.110			.185
B10	.226	.203		.127	.681			.107		.200	
B3				.323	.574	.227	.180			-.119	
B4	.151				.551	.254	.197	.169			
B5	.133	.211		.264	.496			.130		.249	-.293
X9	.205			.253	.126	.688					
X8		.207	.273		.157	.608	.171				.110
X10	.125	.243		.159		.552		.278		.139	
B1	.144	.322	.119	.213		.428	-.108	.266		.153	
G1	.306	.169		.261		.395	.212		.103	.123	-.309
Y8	.101	.162		.129			.697				.137
Y6	.110	.120		.269			.614	.280		-.128	
Y4	.129	.105	.149	.239	.136		.552			.174	-.180
Y2	.295		.180		.151	.309	.508				
B8			.124		.200			.733			
B7		.105	.150	.129	.148	.193		.695	.139	.118	
B9	.206	.240			.323	.128	.221	.485		-.136	-.270

续 表

名称	因子										
	1	2	3	4	5	6	7	8	9	10	11
Z3		.114	.377					.124	.728		
Z1	.231	.115						.114	.692		
Y7	.217			.158			.428	.176		.501	
B2		.171		.264	.338	.253		.263		.465	.111

表13是转轴后的因子矩阵，表中数据说明以下几点：

第一，因子负荷量小于0.10者未在表中显示。

第二，指标在其所属的因子层面的顺序按照因子负荷量的高低排列。

第三，转轴的主要目的，在于重新安排指标在每一个共同因子的因子负荷量。转轴后，使转轴前较大负荷量变得更大，而使转轴前较小的因子负荷量变得更小。

第四，转轴后指标在每个共同因子之间的因子负荷量的平方总和不变。

第五，表明了每一个共同因子所包含的指标数量，比如第一个共同因子包含Z6、Z7、Z8、Z4、Z9、Z12六个指标。

因子转换矩阵如表4-10所示。因子旋转的目的是使复杂的矩阵变得简洁，即第一因子替代了Z6、Z7、Z8、Z5、Z4、Z9、Z12的作用，第二因子替代了X3、X4、X2、X5的作用，第三个引起替代了Y5、Y1、Z2、Z10、B6、Y3的作用，第四个因子替代了G2、G7、G4、G3的作用，第五个因子替代了B11、B10、B3、B4的作用，第六个因子替代了X9、X8、X10的作用，第七个因子替代了Y8、Y6、Y4、Y2的作用，第八个因子替代了B8、B7的作用，第九个因子替代了Z3、Z1的作用，第十个因子替代了Y7的作用。对于表12和表13的作用在表14后的综合说明已经对结果进行了解释。

表14 因子转换矩阵

因子	1	2	3	4	5	6	7	8	9	10	11
1	.437	.409	.232	.377	.344	.354	.289	.289	.143	.117	.005
2	-.456	.230	.753	-.211	-.210	.062	-.036	.175	.205	-.080	-.019
3	.708	-.212	.259	-.245	-.247	-.224	-.148	-.079	.402	-.148	-.054
4	-.037	-.582	.315	.285	-.071	-.113	.653	-.077	-.164	-.042	.022
5	-.102	-.514	.117	.008	.604	-.038	-.383	.424	.132	-.004	.027
6	.214	.201	.238	-.283	.166	-.489	.011	.169	-.640	.264	-.046
7	-.119	.080	-.251	-.568	.315	-.153	.552	.072	.387	.025	-.107
8	-.112	.159	.174	.298	.383	-.343	-.107	-.588	.178	-.010	-.435
9	.108	-.033	.190	-.356	.353	.432	-.005	-.463	-.282	-.375	.282
10	.020	-.218	.108	-.194	-.038	.366	-.061	-.254	.055	.823	-.135
11	-.058	.101	.045	.126	.083	-.324	-.009	-.188	.241	.261	.834

对第一次因子分析的综合说明：

第一，第一次因子分析中，特征值大于1的因子共有11个，但是其中第6、8、9、10、11所包含的指标数小于3个，包含的指标数分别为3、2、2、1、0，因子层面所包含的指标数太少，将它们删除较为适宜。

第二，因为此研究是探索性分析，指标删除后因子的结构发生改变，所以需要再次进行因子分析，以进一步验证量表的结构效度。

第三，第二次因子分析的数据为删除指标B1、B2、B5、B7、B8、B9、G1、G5、G6、X1、X6、X7、X9、X8、X10、Z1、Z3、Z11、Y7后的指标。

（2）第二次因子分析。

表15显示KMO值为0.887，表示适合作因子分析。如果依据Bartlett's检验数据，同样可以得到适合作因子分析的结论。

表15 KMO及Bartlett's检验

KMO检验		0.887
Bartlett's球形检验	卡方检验值	5011.489
	自由度	435
	显著性	0.000

分析所得的碎石图如图6所示,从陡坡图中,可以看出从第7个因子后坡度开始变得平坦,因此保留7个左右的因子比较合适。

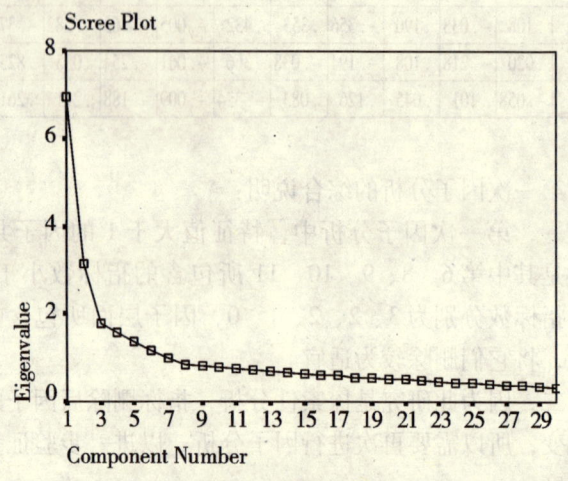

图6　因子碎石图

表16是未转轴前数据的整体解释的偏差,表17是转轴后数据的整体解释的偏差。综合第二次因子分析的结果,从碎石图以及转轴前和转轴后解释偏差的分析结果图表明,共同因子数为6个。转轴后的因子矩阵如表18所示,在分析组成共同因子的指标的时候,与第一次因子分析相比,把Z12指标的特征值0.482归为共同因子1中,把X6指标的特征值0.496归入共

同因子2中,各个共同因子的指标构成如图6所示。比如共同因子1包含指标Z6、Z7、Z5、Z4、Z8、Z9、Z12。

表16　整体解释的偏差——未转轴前的数据

变量	转轴前特征值	偏差数百分比	累积百分比	特征值>1者	变量	转轴前特征值	偏差数百分比	累积百分比	特征值>1者
1	6.941	23.135	23.135	√	16	.625	2.082	78.677	
2	3.138	10.459	33.594	√	17	.604	2.015	80.692	
3	1.785	5.951	39.545	√	18	.565	1.883	82.575	
4	1.579	5.264	44.809	√	19	.544	1.814	84.389	
5	1.374	4.580	49.389	√	20	.532	1.772	86.161	
6	1.171	3.902	53.291	√	21	.510	1.699	87.860	
7	.992	3.306	56.597		22	.482	1.607	89.468	
8	.854	2.846	59.443		23	.466	1.553	91.021	
9	.813	2.711	62.154		24	.448	1.494	92.514	
10	.795	2.651	64.804		25	.425	1.415	93.930	
11	.769	2.562	67.367		26	.405	1.351	95.280	
12	.738	2.461	69.827		27	.392	1.308	96.588	
13	.705	2.351	72.179		28	.376	1.253	97.841	
14	.681	2.270	74.448		29	.335	1.116	98.957	
15	.644	2.146	76.595		30	.313	1.043	100.000	

表17　整体解释的偏差——转轴后的数据

变量	转轴后特征值	偏差数百分比	累积百分比
1	3.519	11.729	11.729
2	2.979	9.929	21.658
3	2.744	9.148	30.807
4	2.388	7.961	38.768
5	2.196	7.321	46.089
6	2.160	7.201	53.291
7			
…			
30			

表 18 转轴后的因子矩阵

指标	共同因子					
	1	2	3	4	5	6
Z6	.750				.114	
Z7	.713		.195		.115	
Z5	.664	-.136	.114		.282	.172
Z4	.664		.151		.210	.113
Z8	.651	.158		.191		
Z9	.632			.244		.100
Z12	.482	.113	.204	.190		
Z2		.746				
B6		.688	.183		.171	
Y5		.674	.129			.177
Y1		.656	.157			.143
Z10	.183	.648		.203		
Y3		.614	.233			.322
X4		.228	.783			
X3	.137	.169	.754	.126		
X5	.131	.158	.669			.106
X2	.118	.126	.645	.227	.187	.121
X6	.131		.496		.205	.318
G2	.271		.193	.715	.135	
G7	.219		.151	.666	.161	
G3	.202		.109	.650	.110	.265
G4			.119	.610	.217	.269
B11	.198				.749	
B10	.224		.204	.126	.677	
B4	.143			.145	.621	.214
B3				.362	.608	.208
Y8			.170	.123		.702

续 表

指标	共同因子					
	1	2	3	4	5	6
Y6	.103	.118	.138	.270		.617
Y2	.291	.159			.154	.599
Y4	.143	.138	.102	.269		.554

（3）结论。

根据第一次和第二次因子分析的结果，可得到影响高职院校教书育人工作的因素，如表 19 所示。

表 19　影响高职院校教书育人工作的因素摘要表

指　标	解释偏差量	累积解释偏差量	共同因子					
			1	2	3	4	5	6
Z6 教师具有崇高的职业荣誉感和强烈的事业心			0.75				0.114	
Z7 教师遵循职业道德			0.713		0.195		0.115	
Z5 教师有正确的世界观、人生观和价值观			0.664	-0.136	0.114		0.282	0.172
Z4 教师保持一种积极进取的心态	23.135	23.135	0.664		0.151		0.21	0.113
Z8 教师关心爱护学生			0.651	0.158		0.191		
Z9 教师以身作则，为人师表			0.632			0.244		0.1
Z12 教师能意识到教书育人是自己的重要职责之一			0.482	0.113	0.204	0.19		

续 表

指 标	解释偏差量	累积解释偏差量	共同因子					
			1	2	3	4	5	6
Z2 教师是中国共产党党员	10.459	33.594		0.746				
B6 学生积极申请加入党组织				0.688	0.183		0.171	
Y5 教师教学年限长				0.674	0.129			0.177
Y1 教师具有高学历与高职称				0.656	0.157			0.143
Z10 教师淡泊名利			0.183	0.648		0.203		
Y3 教师科研成果、论文著作丰硕				0.614	0.233			0.322
X4 学校建立教书育人的考核措施	5.951	39.545		0.228	0.783			
X3 学校建立教书育人工作的领导管理体制			0.137	0.169	0.754	0.126		
X5 学校大力表彰教书育人的教师			0.131	0.158	0.669			0.106
X2 学校定期研究安排教书育人工作			0.118	0.126	0.645	0.227	0.187	0.121
X6 学校加强对教师教书育人能力的培训			0.131		0.496		0.205	0.318
G2 教师在教学中注重调动学生的主动性和积极性	5.264	44.809	0.271		0.193	0.715	0.135	
G7 教师在教学中注重培养学生的学习兴趣,充分调动学生的学习积极性			0.219		0.151	0.666	0.161	
G3 教师注重研究教学方法和改进教学手段			0.202		0.109	0.65	0.11	0.265
G4 教师在教学中注重培养学生的创新能力					0.119	0.61	0.217	0.269

续 表

指 标	解释偏差量	累积解释偏差量	共同因子					
			1	2	3	4	5	6
B11 学生的学习自主性强	4.580	49.389	0.198				0.749	
B10 学生有明确的学习目标			0.224		0.204	0.126	0.677	
B4 学生有良好的道德品质			0.143			0.145	0.621	0.214
B3 学生有较强的自我约束能力						0.362	0.608	0.208
Y8 教师具有广博的知识	3.902	53.291			0.17	0.123		0.702
Y6 教师具有创新思维			0.103	0.118	0.138	0.27		0.617
Y2 教师有很强的专业实践技能			0.291	0.159			0.154	0.599
Y4 教师具有丰富的教学经验			0.143	0.138	0.102	0.269		0.554

注：表中特征值小于0.10的因子未被显示。

根据因子所包含的指标项的内容，对6个因子分别加以命名，比如因子1包含指标Z6、Z7、Z5、Z4、Z8、Z9、Z12，根据个指标的意义取名，则该因子就是影响高职院校教书育人工作的因素之一。根据每个因子包含的指标的意义，我们分别给每个因子进行命名，如表20所示。

表20 因子命名表

因 子	1	2	3	4	5	6
因子名	教师政治素质	师生政治面貌与教学能力	学校政策措施	教师教学手段与方法	学生表现	教师的知识与技能

对六个评价维度作如下解释:

①教师政治素质。指教师的理想、信念、价值观和人生观。这一维度是影响教书育人最主要的因素,它包含7个指标。指标所表示的含义包括两个方面:一是教师的职业道德品质,只有高度的责任感、事业心和对学生的爱,才会促使教师将学生当做培养教育的对象,帮助他们成人成才;二是教师为人师表。教师是学生的榜样,他们的一言一行无时不在影响着学生的成长。

②师生政治面貌与教学能力。指师生是否是党员、学生是否积极向党组织靠拢,以及教师从事教育工作具备的能力素质。它包括6个指标,指标所表示的含义包括两个方面:一是教师和学生的政治面貌面,共产党员的表率作用会影响学生,学生对党组织的信任也会影响自身;二是教师的教龄、职称、学历和教学科研能力,教学年限长、教学能力强的教师在教书育人工作中更能获得学生的认可。

③学校政策措施。指学校制定的有关教书育人的管理制度、考核办法和具体措施。这一维度包括5个指标,学校的政策措施给师生一种导向,从而影响师生的所作所为。

④教师教学手段与方法。指教师在教学中采用的教学方式。这一维度包括4个指标,教学中以学生为主体的教学方式,能够充分发挥学生的主观能动性。

⑤学生表现。指学生在学校学习过程中的行为表现。这一维度包括4个指标,学生学习目标明确、自主性学习能力强对学生成人成才有较大影响。

⑥教师的知识与技能。指教师的理论知识与实践技能。这一维度包括4个指标,教师知识广博、专业技能强能吸引学生,能获得学生的尊重与钦佩,从而影响学生的成长。

通过表15因子分别解释变量的比率,以及各个因子的特征值,可以分析得出教师政治素质、师生政治面貌与教师教学能力、学校政策措施、教师教学手段与方法、学生表现和教师的知识与技能 6 个评价指标对高职高专院校教书育人工作有影响。目前的六个影响因子中,教师的政治素质影响最大,其次是师生政治面貌与教师教学能力,再次是学校政策措施。这是我们最应重视的三个维度。

4. 关于高职院校教书育人工作的讨论

多年来,党和政府在教育事业中一贯倡导教书育人,其出发点就是要求广大教育工作者在不同的岗位和不同的教学环节中,明确自身的责任,把教书育人当做自身的自觉行动,全方位地对学生进行教育培养。但由于没有定量的标准来评价教书育人的工作成效,使得许多教师不理解教书育人的内涵,甚至人为地将教书与育人工作分开,例如,有教师提出,请班主任来课堂中维持秩序。将育人看做是班主任工作的事,教师只管上课,传授学生专业知识和技能即可,这种观念与行为严重违背教育规律,影响高职院校教师教书育人工作的能力与水平,而管理者也不知道如何要求和培训教师教书育人的能力。这些都导致了部分教师教书育人能力不强,效果不好。从以上定量分析,我们可以看出以下几点。

(1) 教师的政治素质是保证教书育人工作成功与否的关键。

教师的职业道德、事业心、责任感、表率作用和心态,无时不在课堂中和生活中潜移默化地影响学生;教师对学生的关心爱护,也使学生尊敬爱戴教师,从而以教师为自己的榜样,学习教师的做人、做事原则。

(2) 教师党员和教学骨干是教书育人工作的主力军。

教师党员的言行举止对学生思想影响较大,是学生学习的榜样。另外,教师是否有过硬的业务水平,包括职称、学历和教学成果，都会对自己在教学中的教书育人工作产生影响。一般而言，教学经历长、经验丰富、教学水平高和教学质量好的教师对学生进行育人的效果较好。

（3）学校的制度措施应为教书育人工作创造良好的氛围与环境。

学校应该重视良好教书育人工作环境与氛围的创造，制定一些量化的、具体的考核指标，并通过培训提高教师教书育人的能力，对教书育人工作好的教师进行大力表彰，在学校形成一种以教书育人为荣的良好氛围。

（4）以学生为主体的教学方法能调动学生学习的积极性，提高教书育人的成效。

高职学校培养的学生必须有很强的实践动手能力，并具有在相关行业内的职业迁移能力。这就要求教学中必须以学生为主体，采用目标导向法、任务驱动法等教学方法培养和训练学生，使学生学会自主学习和探索，掌握相关的理论知识和操作技能。

5. 关于高职院校教书育人工作的建议

（1）加强教师的师德教育和培养。

师德是立教之本，良好的师德是对教师的基本要求。高职院校教师应具备职业道德，包括热爱教育事业、爱岗敬业、德才兼备，以及掌握相关行业的职业道德标准。学校应对教师，特别是新教师进行系统的教育理论和道德科学理论知识的培训，并通过老教师的"传帮带"，帮助青年教师树立良好的师德形象，使他们将教书育人变成一种自觉的行动，努力掌握实施教书育人的方法和途径，在每个教学环节中对学生进行职业道德、理想、品德和情操的教育培养。

（2）吸纳优秀的教师加入中国共产党。

在高职院校开展各种党课培训，吸纳优秀的教师加入中国共产党。通过这些教师的示范效应，在学生中产生强烈的影响，使优秀的学生积极向党组织靠拢。

（3）加强业务培训，提高教师教书育人的能力。

教师的业务水平，直接影响培养人才的质量。高职教育的培养目标，决定了教师除具备专业理论知识外，还必须具有实践动手能力。学校应重视提高教师学历培训、职称晋升和职业资格证取证工作，为教师承担科研工作提供良好的环境，并制定相应的激励措施。

（4）开展主题活动，大力表彰教书育人的楷模。

身教重于言传，教师要严于律己，在道德、情操、品德、作风、学识等方面成为学生的楷模。另外，良好的师生关系能架起师生相互沟通的桥梁。学校应开展一些主题活动，弘扬教师爱岗敬业、关爱学生和乐于奉献的伟大师魂，对教书育人工作好的教师进行大力表彰。

（5）构建学校教书育人的实效性措施。

加强教书育人的组织领导，是完善教书育人工作实效性的根本措施。学校在制定教书育人政策与措施时，应将教书育人工作纳入教师平时的教学过程中，建立全面客观的考核办法，并将考核办法与教师的聘任、晋职和奖励结合起来，充分调动教师教书育人的积极性。

五、影响管理育人、服务育人、活动育人和环境育人工作因素的调查研究结果

1. 情况分析

（1）被调查对象角色情况分析。

调查表共向云南省三所高职院校的管理者、教师、行政工作人员和学生随机发放。发放 700 份，收回 621 份，其中有效调查表 586 份，其中管理者样本为 69 份，占总样本的 11.8%；

教师样本为 151 份，占总样本的 25.8%；行政工作人员样本为 22 份，占总样本的 3.8%；学生样本为 344 份，占总样本的 58.7%。35 份为无效调查表，从中剔除。见图 7 所示。

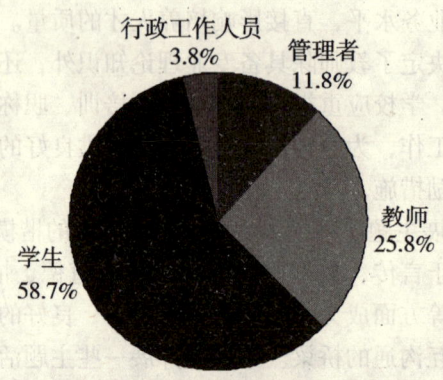

图 7　调查对象基本情况的分析结果

（2）不同的调查对象对基本问题的看法分析。

表 21　高职院校管理者对基本问题的看法分析

问 题	总分	样本数	均值	标准差	% of Total Sum	% of Total N
您认为能否通过提高管理水平来培养学生？	94	69	1.36	.685	11.1%	11.8%
您认为能否通过提高教职工的服务水平来培养学生？	90	69	1.30	.671	10.4%	11.8%
您认为能否通过开展丰富的教学活动和课外活动来培养学生？	88	69	1.28	.639	12.3%	11.8%
您认为能否通过美化校园环境来培养学生？	103	69	1.49	.779	10.8%	11.8%
对您的学校来说，下面哪项是您最满意的？	225	69	3.26	1.390	11.9%	11.8%

续 表

问 题	总分	样本数	均值	标准差	% of Total Sum	% of Total N
对您的学校来说，下面哪项是您最担心的？	189	69	2.74	1.208	10.7%	11.8%

表22　高职院校教师对基本问题的看法分析

问 题	总分	样本数	均值	标准差	% of Total Sum	% of Total N
您认为能否通过提高管理水平来培养学生？	204	151	1.35	.675	24.0%	25.8%
您认为能否通过提高教职工的服务水平来培养学生？	231	151	1.53	.831	26.8%	25.8%
您认为能否通过开展丰富的教学活动和课外活动来培养学生？	184	151	1.22	.576	25.7%	25.8%
您认为能否通过美化校园环境来培养学生？	234	151	1.55	.754	24.6%	25.8%
对您的学校来说，下面哪项是您最满意的？	499	151	3.30	1.409	26.4%	25.8%
对您的学校来说，下面哪项是您最担心的？	441	151	2.92	1.304	25.0%	25.8%

表23　高职院校学生对基本问题的看法分析

问 题	总分	样本数	均值	标准差	% of Total Sum	% of Total N
您认为能否通过提高管理水平来培养学生？	522	344	1.52	.829	61.4%	58.7%
您认为能否通过提高教职工的服务水平来培养学生？	510	344	1.48	.812	59.1%	58.7%

续　表

问　题	总分	样本数	均值	标准差	% of Total Sum	% of Total N
您认为能否通过开展丰富的教学活动和课外活动来培养学生？	418	344	1.22	.592	58.4%	58.7%
您认为能否通过美化校园环境来培养学生？	578	344	1.68	.895	60.8%	58.7%
对您的学校来说，下面哪项是您最满意的？	1082	344	3.15	1.345	57.3%	58.7%
对您的学校来说，下面哪项是您最担心的？	1074	344	3.12	1.249	60.8%	58.7%

表24　高职院校行政人员对基本问题的看法分析

问　题	总分	样本数	均值	标准差	% of Total Sum	% of Total N
您认为能否通过提高管理水平来培养学生？	30	22	1.36	.790	3.5%	3.8%
您认为能否通过提高教职工的服务水平来培养学生？	32	22	1.45	.858	3.7%	3.8%
您认为能否通过开展丰富的教学活动和课外活动来培养学生？	26	22	1.18	.588	3.6%	3.8%
您认为能否通过美化校园环境来培养学生？	35	22	1.59	1.008	3.7%	3.8%
对您的学校来说，下面哪项是您最满意的？	83	22	3.77	1.602	4.4%	3.8%
对您的学校来说，下面哪项是您最担心的？	61	22	2.77	1.110	3.5%	3.8%

通过分析表21、表22、表23和表24，对比管理者、教师、行政工作人员和学生的调查结果，可以了解目前高职院校育人的基本情况。

第一，管理者、教师、行政人员和学生大部分都认为学校可以通过提高管理水平来培养学生，前三者得分几乎相等，而学生对管理育人的认识低于学校的教职工。

第二，管理者、教师、行政人员和学生大部分都认为可以通过提高学校教职工的服务水平来培养学生，其中管理者更看重服务育人在高职院校中的育人作用。

第三，管理者、教师、行政人员和学生大部分都认为可以通过开展丰富多彩的教学活动和课外活动来培养学生，而且大家的认同度都较高，分值是所有问题中最接近1的。

第四，管理者、教师、行政人员和学生大部分都认为可以通过美化校园环境来培养学生，其中管理者的分值为1.49，认同度高于教师、行政人员和学生，而学生的认同度最低。

第五，大多数调查者最满意的是学校的校园文化和学校开展的各种各样的活动，最为担心的是学校管理制度的科学性。

本次调查结果表明，学校管理者、教师、行政人员和学生一致认为可以通过加强管理、增强服务、开展活动和美化环境来达到育人的目的。但由于以上相关工作范围较大，影响的因素较多，哪一些因素是主要因素呢？我们进一步进行以下研究。

(3) 数据分布分析。

通过对各指标采集的数据分析，表明数据呈正态分布，此种分布决定了将要采用的数据分析方法。以 M1 指标（见图8）来说明，关于管理育人指标样本的数据呈正态分布。

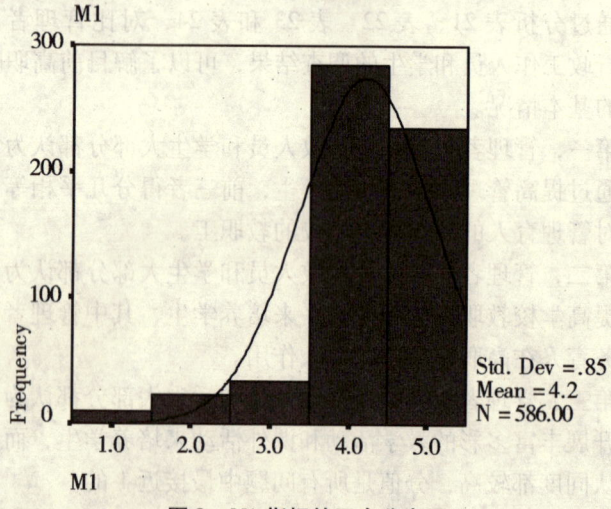

图 8　M1 指标的正态分布图

2. 项目分析

（1）主要目的。

说明调查过程中，所采用的问卷调查表中的指标是否具有较好的鉴别能力，以便为得出研究结论提供基础，即研究过程中所采用的测量手段是否科学。

（2）分析的方法。

采用 t-test 检验分组同样的分析法，得出分组统计量表（见表25）和独立样本 t-test 检验结果（见表26）。

表 25　分组统计量表

指标	组别	人数	平均数	标准差	平均数标准误差	指标	组别	人数	平均数	标准差	平均数标准误差
M1	高分组	182	4.49	.679	.050	S6	高分组	182	4.64	.545	.040
	低分组	184	3.80	1.058	.078		低分组	184	3.98	.839	.062

续 表

指标	组别	人数	平均数	标准差	平均数标准误差	指标	组别	人数	平均数	标准差	平均数标准误差
M2	高分组	182	4.47	.591	.044	S7	高分组	182	4.74	.442	.033
	低分组	184	3.57	.973	.072		低分组	184	4.19	.804	.059
M3	高分组	182	4.58	.615	.046	S8	高分组	182	4.58	.614	.046
	低分组	184	3.83	.946	.070		低分组	184	3.72	.807	.060
M4	高分组	182	4.60	.554	.041	S9	高分组	182	4.64	.514	.038
	低分组	184	3.82	1.006	.074		低分组	184	3.67	.954	.070
M5	高分组	182	4.68	.512	.038	S10	高分组	182	4.65	.501	.037
	低分组	184	4.02	.935	.069		低分组	184	3.88	.856	.063
M6	高分组	182	4.56	.589	.044	S11	高分组	182	4.46	.627	.047
	低分组	184	3.85	.911	.067		低分组	184	3.18	1.007	.074
M7	高分组	182	4.66	.551	.041	S12	高分组	182	4.62	.510	.038
	低分组	184	4.01	.935	.069		低分组	184	3.90	.824	.061
M8	高分组	182	4.66	.485	.036	S13	高分组	182	4.59	.536	.040
	低分组	184	3.98	.926	.068		低分组	184	3.91	.847	.062
M9	高分组	182	4.56	.550	.041	S14	高分组	182	4.55	.521	.039
	低分组	184	3.74	.910	.067		低分组	184	3.80	.865	.064
M10	高分组	182	4.46	.661	.049	S15	高分组	182	4.12	.871	.065
	低分组	184	3.52	1.003	.074		低分组	184	2.86	1.060	.078
M11	高分组	182	4.46	.636	.047	S16	高分组	182	3.90	1.064	.079
	低分组	184	3.69	.891	.066		低分组	184	2.63	1.128	.083
M12	高分组	182	4.75	.433	.032	S17	高分组	182	4.62	.530	.039
	低分组	184	4.15	.868	.064		低分组	184	3.85	.861	.063
M13	高分组	182	4.37	.782	.058	S18	高分组	182	4.68	.501	.037
	低分组	184	3.48	1.035	.076		低分组	184	3.79	.824	.061
M14	高分组	182	4.49	.592	.044	E1	高分组	182	4.54	.591	.044
	低分组	184	3.71	.947	.070		低分组	184	3.50	1.040	.077
M15	高分组	182	4.47	.662	.049	E2	高分组	182	4.66	.570	.042
	低分组	184	3.52	1.091	.080		低分组	184	3.71	.959	.071

续　表

指标	组别	人数	平均数	标准差	平均数标准误差	指标	组别	人数	平均数	标准差	平均数标准误差
M16	高分组	182	4.34	.796	.059	E3	高分组	182	4.71	.491	.036
	低分组	184	3.29	1.067	.079		低分组	184	4.07	.853	.063
M17	高分组	182	4.70	.517	.038	E4	高分组	182	4.66	.559	.041
	低分组	184	4.13	.894	.066		低分组	184	3.98	.899	.066
A1	高分组	182	4.45	.498	.037	E5	高分组	182	4.09	1.037	.077
	低分组	184	3.63	.852	.063		低分组	184	2.68	1.086	.080
A2	高分组	182	4.55	.551	.041	E6	高分组	182	4.64	.613	.045
	低分组	184	3.83	.863	.064		低分组	184	3.82	.897	.066
A3	高分组	182	4.47	.543	.040	E7	高分组	182	4.34	.738	.055
	低分组	184	3.60	.863	.064		低分组	184	3.11	1.068	.079
A4	高分组	182	4.47	.522	.039	E8	高分组	182	4.02	.955	.071
	低分组	184	3.65	.887	.065		低分组	184	2.77	1.119	.082
A5	高分组	182	4.46	.600	.044	E9	高分组	182	4.44	.693	.051
	低分组	184	3.64	.869	.064		低分组	184	3.30	1.088	.080
A6	高分组	182	4.58	.495	.037	E10	高分组	182	4.69	.510	.038
	低分组	184	3.84	.938	.069		低分组	184	4.09	.825	.061
A7	高分组	182	4.57	.519	.038	E11	高分组	182	4.69	.497	.037
	低分组	184	3.74	.898	.066		低分组	184	3.96	.845	.062
S1	高分组	182	4.57	.550	.041	E12	高分组	182	4.58	.633	.047
	低分组	184	3.73	.941	.069		低分组	184	3.80	.916	.068
S2	高分组	182	4.58	.548	.041	E13	高分组	182	4.41	.765	.057
	低分组	184	3.79	.902	.066		低分组	184	3.16	1.064	.078
S3	高分组	182	4.60	.503	.037	E14	高分组	182	4.70	.536	.040
	低分组	184	3.84	.921	.068		低分组	184	3.84	.936	.069
S4	高分组	182	4.56	.599	.044	E15	高分组	182	4.60	.554	.041
	低分组	184	3.81	.918	.068		低分组	184	3.54	.934	.069
S5	高分组	182	4.59	.546	.040	E16	高分组	182	4.71	.468	.035
	低分组	184	3.78	.905	.067		低分组	184	3.76	.730	.054

表26 独立样本 t 检验表

题项	Levene's Test for Equality of Variances		t-test for Equality of Means						
	F 值	Sig. 显著性检验	t 值	df 自由度	t 值显著性	平均数差异	差异值标准误差	95% Confidence Interval of the Difference	
								上限	下限
M1	11.364	.001	7.357	364	.000	.68	.093	.502	.868
			7.374	312.355	.000	.68	.093	.502	.867
M2	29.946	.000	10.640	364	.000	.90	.084	.731	1.062
			10.667	302.638	.000	.90	.084	.731	1.062
M3	10.128	.002	8.927	364	.000	.75	.083	.581	.910
			8.947	314.654	.000	.75	.083	.581	.909
M4	26.562	.000	9.221	364	.000	.78	.085	.617	.951
			9.248	285.304	.000	.78	.085	.617	.951
M5	8.035	.005	8.358	364	.000	.66	.079	.504	.815
			8.382	284.509	.000	.66	.079	.505	.814
M6	7.472	.007	8.878	364	.000	.71	.080	.555	.870
			8.898	313.854	.000	.71	.080	.555	.870
M7	10.617	.001	8.074	364	.000	.65	.080	.491	.806
			8.095	296.925	.000	.65	.080	.491	.806
M8	11.077	.001	8.801	364	.000	.68	.077	.529	.833
			8.828	276.981	.000	.68	.077	.529	.833
M9	20.014	.000	10.435	364	.000	.82	.079	.667	.976
			10.462	301.717	.000	.82	.079	.667	.976
M10	35.428	.000	10.573	364	.000	.94	.089	.765	1.115
			10.596	317.311	.000	.94	.089	.765	1.114
M11	13.941	.000	9.521	364	.000	.77	.081	.612	.931
			9.538	331.213	.000	.77	.081	.612	.930
M12	35.509	.000	8.367	364	.000	.60	.072	.459	.742
			8.394	269.358	.000	.60	.072	.460	.741

续 表

题项	Levene's Test for Equality of Variances		t-test for Equality of Means					95% Confidence Interval of the Difference	
	F值	Sig.显著性检验	t值	df自由度	t值显著性	平均数差异	差异值标准误差	上限	下限
M13	20.603	.000	9.276	364	.000	.89	.096	.701	1.079
			9.290	340.481	.000	.89	.096	.702	1.078
M14	24.355	.000	9.465	364	.000	.78	.083	.620	.945
			9.488	307.661	.000	.78	.082	.620	.945
M15	41.787	.000	10.064	364	.000	.95	.094	.765	1.137
			10.089	302.259	.000	.95	.094	.765	1.136
M16	20.472	.000	10.582	364	.000	1.04	.098	.848	1.235
			10.599	338.498	.000	1.04	.098	.848	1.235
M17	25.240	.000	7.495	364	.000	.57	.076	.423	.723
			7.516	293.799	.000	.57	.076	.423	.723
A1	15.859	.000	11.149	364	.000	.81	.073	.671	.958
			11.179	295.697	.000	.81	.073	.671	.958
A2	2.630	.106	9.615	364	.000	.73	.076	.580	.878
			9.637	311.342	.000	.73	.076	.580	.878
A3	19.988	.000	11.593	364	.000	.87	.075	.726	1.023
			11.620	308.818	.000	.87	.075	.727	1.023
A4	29.680	.000	10.837	364	.000	.83	.076	.676	.976
			10.865	296.838	.000	.83	.076	.676	.975
A5	15.126	.000	10.424	364	.000	.81	.078	.661	.968
			10.444	325.369	.000	.81	.078	.661	.968
A6	21.608	.000	9.419	364	.000	.74	.079	.585	.894
			9.449	278.337	.000	.74	.078	.586	.894
A7	22.600	.000	10.773	364	.000	.83	.077	.676	.978
			10.802	293.587	.000	.83	.077	.676	.977

续 表

题项	Levene's Test for Equality of Variances		t-test for Equality of Means						
	F 值	Sig. 显著性检验	t 值	df 自由度	t 值 显著性	平均数差异	差异值标准误差	95% Confidence Interval of the Difference	
								上限	下限
S1	18.907	.000	10.318	364	.000	.83	.081	.674	.991
			10.346	295.568	.000	.83	.080	.674	.991
S2	11.089	.001	10.175	364	.000	.79	.078	.641	.948
			10.201	302.418	.000	.79	.078	.641	.948
S3	16.011	.000	9.812	364	.000	.76	.078	.609	.915
			9.841	283.835	.000	.76	.077	.610	.914
S4	13.046	.000	9.253	364	.000	.75	.081	.591	.910
			9.274	315.148	.000	.75	.081	.591	.910
S5	16.213	.000	10.435	364	.000	.82	.078	.662	.970
			10.462	301.156	.000	.82	.078	.663	.970
S6	1.455	.229	8.899	364	.000	.66	.074	.513	.805
			8.919	314.507	.000	.66	.074	.514	.805
S7	34.285	.000	8.038	364	.000	.55	.068	.412	.680
			8.062	284.930	.000	.55	.068	.413	.679
S8	7.079	.008	11.527	364	.000	.87	.075	.717	1.013
			11.544	341.538	.000	.87	.075	.718	1.012
S9	38.944	.000	12.082	364	.000	.97	.080	.811	1.127
			12.118	281.648	.000	.97	.080	.812	1.126
S10	6.394	.012	10.531	364	.000	.77	.073	.629	.918
			10.559	295.928	.000	.77	.073	.629	.917
S11	33.195	.000	14.536	364	.000	1.28	.088	1.104	1.449
			14.571	306.920	.000	1.28	.088	1.104	1.449
S12	2.407	.122	9.944	364	.000	.71	.072	.572	.854
			9.969	305.826	.000	.71	.072	.572	.854

续 表

题项	Levene's Test for Equality of Variances		t-test for Equality of Means						
	F 值	Sig. 显著性检验	t 值	df 自由度	t 值显著性	平均数差异	差异值标准误差	95% Confidence Interval of the Difference	
								上限	下限
S13	2.514	.114	9.165	364	.000	.68	.074	.534	.826
			9.186	309.892	.000	.68	.074	.535	.826
S14	13.237	.000	9.970	364	.000	.75	.075	.598	.892
			9.996	300.767	.000	.75	.075	.598	.892
S15	9.131	.003	12.385	364	.000	1.26	.101	1.057	1.456
			12.398	352.204	.000	1.26	.101	1.057	1.456
S16	3.323	.069	11.034	364	.000	1.27	.115	1.040	1.491
			11.037	363.191	.000	1.27	.115	1.040	1.491
S17	8.423	.004	10.328	364	.000	.77	.075	.626	.920
			10.354	304.779	.000	.77	.075	.626	.920
S18	11.679	.001	12.439	364	.000	.89	.071	.747	1.028
			12.470	302.854	.000	.89	.071	.748	1.028
E1	47.064	.000	11.726	364	.000	1.04	.089	.864	1.213
			11.758	290.658	.000	1.04	.088	.865	1.212
E2	26.719	.000	11.540	364	.000	.95	.083	.790	1.115
			11.571	298.746	.000	.95	.082	.791	1.115
E3	5.590	.019	8.833	364	.000	.64	.073	.500	.787
			8.858	292.723	.000	.64	.073	.501	.787
E4	5.024	.026	8.763	364	.000	.69	.078	.532	.841
			8.784	306.639	.000	.69	.078	.533	.840
E5	3.487	.063	12.641	364	.000	1.40	.111	1.185	1.621
			12.645	363.553	.000	1.40	.111	1.185	1.621
E6	8.640	.003	10.161	364	.000	.82	.080	.659	.975
			10.182	323.819	.000	.82	.080	.659	.975

续 表

题项	Levene's Test for Equality of Variances		t-test for Equality of Means						
	F 值	Sig. 显著性检验	t 值	df 自由度	t 值显著性	平均数差异	差异值标准误差	95% Confidence Interval of the Difference	
								上限	下限
E7	15.673	.000	12.715	364	.000	1.22	.096	1.032	1.410
			12.739	325.644	.000	1.22	.096	1.032	1.410
E8	8.199	.004	11.496	364	.000	1.25	.109	1.036	1.464
			11.506	356.373	.000	1.25	.109	1.036	1.464
E9	39.407	.000	11.951	364	.000	1.14	.095	.953	1.328
			11.979	310.940	.000	1.14	.095	.953	1.328
E10	8.053	.005	8.353	364	.000	.60	.072	.459	.741
			8.374	305.695	.000	.60	.072	.459	.741
E11	2.664	.104	10.061	364	.000	.73	.073	.588	.873
			10.088	296.771	.000	.73	.072	.588	.873
E12	8.182	.004	9.445	364	.000	.78	.082	.616	.940
			9.463	325.490	.000	.78	.082	.616	.940
E13	15.084	.000	12.827	364	.000	1.24	.097	1.053	1.434
			12.850	332.470	.000	1.24	.097	1.053	1.434
E14	18.510	.000	10.780	364	.000	.86	.080	.704	1.018
			10.810	291.911	.000	.86	.080	.704	1.018
E15	48.562	.000	13.264	364	.000	1.07	.080	.908	1.224
			13.299	298.084	.000	1.07	.080	.909	1.224
E16	12.499	.000	14.777	364	.000	.95	.064	.822	1.074
			14.811	312.043	.000	.95	.064	.822	1.074

（3）结论。

表 25 和表 26 的数据显示调查问卷表中所使用的指标项之间具有明显的差异，能准确地测量被调查对象对指标所反映的

信息。

以表 26 中 E16 指标项为例来说明，先看等方差假设下（Equal variances assumed），$F = 14.499$，显著性水平 Sig. = 0.000，远远小于 0.05，那么，可以认为组 1（低分组）和组 2（高分组）的所有指标项所测得的值的方差是不相等的。此时看方差不相等假设下所列的 $t = 14.811$，则 Sig. = 0.000，表明 t 值显著，表示指标 E16 有很好的鉴别能力。或者，判断高分组和低分组平均数方差检验的 t 值是否显著，除参考概率值 p 值外，也可以参考方差值的 95% 的置信区间，如果该置信区间未包含 0 在内，表示指标项在高分组和低分组中方差显著，具有很好的鉴别能力。所以，依据这两种方法分析调查问卷表 2 中的每一个指标，可以得出：调查过程中采用的指标具有较好的鉴别能力，通过调查所获得的数据质量较好，为结论提供了一个好的基础。

3. 因子分析

采用因子分析方法找出影响高职院校管理、服务、活动和环境育人工作因素，在分析过程中，设定的参数如下：

第一，使用主成因子分析法估计因素负荷量；

第二，提取公因子的过程中，以特征值大于 1.5 为基准（主要是依据学者 Kaiser、吴明隆等人的理论），即只要特征值大于 1.5 的因子都将被提取为公因子；

第三，因子分析收敛的最大迭代步数为 25；

第四，当 KMO 值大于 0.5 时，指标适合作因子分析；

第五，因素负荷量基准为 0.10。

（1）第一次因子分析。

KMO 是 Kaiser-Meyer-Olkin 的适当性数量，当 KMO 值越大时，表示变量间的共同因素愈多，愈需要进行因素分析。根据学者 Kaiser 的观点，当 KMO 值大于 0.5 时，才适宜作因子分析。在表 27 中显示 KMO 值为 0.932，表示适合作因子分析，如果依据 Bartlett's 检验数据，同样可以得到适合作因子分析的结论。

表27　KMO 及 Bartlett' 检验

KMO 检验		0.932
Bartlett 球形检验	卡方检验值	13043.232
	自由度	1653
	显著性	0.000

分析所得的碎石图如图 9 所示，从陡坡图中，可以看出从第 7 个因子后坡度开始变得平坦，因此保留 7 个左右的因子比较合适。结合图 9 继续分析数据。

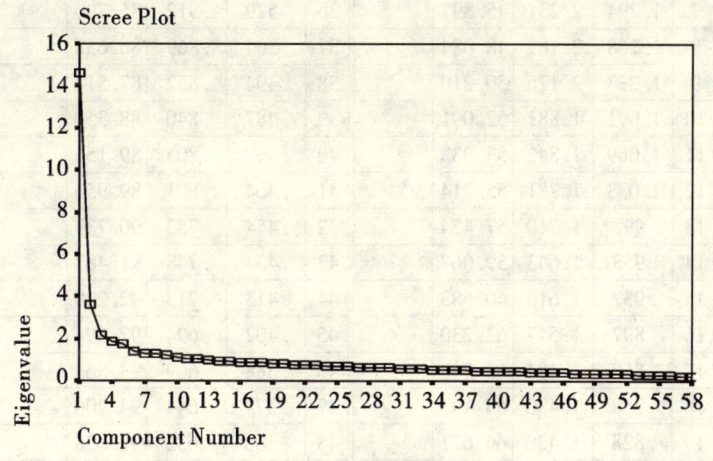

图9　因子碎石图

表 28 是未转轴前数据的整体解释的偏差，表中数据说明以下几点：一是左边的 58 个成分因子的特征值总和等于 58（题项数）；二是解释偏差量为特征值除以题项数，如第一个

特征值的解释偏差量为 14.575/58 = 25.130；三是把左边 58 个因子的特征值大于 1.5 的指标列在右边；四是特征值大于 1.5 的共有 5 个，即为因子分析时所抽取出来的共同因子。

表 28　整体解释的偏差——未转轴前的数据

变量	转轴前特征值	偏差数百分比	累积百分比	特征值>1者	变量	转轴前特征值	偏差数百分比	累积百分比	特征值>1者
1	14.575	25.130	25.130	√	30	.628	1.083	79.991	
2	3.596	6.199	31.329	√	31	.603	1.040	81.030	
3	2.178	3.756	35.085	√	32	.589	1.015	82.045	
4	1.836	3.166	38.251	√	33	.561	.967	83.012	
5	1.766	3.044	41.295	√	34	.547	.944	83.955	
6	1.376	2.372	43.667		35	.535	.922	84.877	
7	1.294	2.231	45.897		36	.529	.912	85.790	
8	1.268	2.187	48.084		37	.504	.869	86.658	
9	1.233	2.126	50.210		38	.494	.852	87.511	
10	1.091	1.881	52.091		39	.487	.840	88.350	
11	1.069	1.842	53.933		40	.467	.805	89.156	
12	1.033	1.781	55.714		41	.464	.801	89.956	
13	.992	1.710	57.424		42	.454	.783	90.739	
14	.953	1.643	59.067		43	.434	.748	91.487	
15	.937	1.616	60.683		44	.413	.713	92.200	
16	.897	1.547	62.230		45	.402	.694	92.894	
17	.860	1.484	63.713		46	.388	.669	93.563	
18	.859	1.480	65.193		47	.373	.644	94.206	
19	.828	1.428	66.621		48	.366	.632	94.838	
20	.808	1.393	68.015		49	.361	.622	95.460	
21	.767	1.322	69.337		50	.335	.577	96.037	
22	.754	1.299	70.636		51	.329	.567	96.604	
23	.745	1.284	71.920		52	.323	.556	97.160	
24	.720	1.242	73.162		53	.307	.529	97.689	

续 表

变量	转轴前特征值	偏差数百分比	累积百分比	特征值>1者	变量	转轴前特征值	偏差数百分比	累积百分比	特征值>1者
25	.696	1.200	74.363		54	.300	.517	98.207	
26	.683	1.178	75.541		55	.278	.480	98.686	
27	.661	1.140	76.681		56	.274	.473	99.159	
28	.656	1.131	77.811		57	.258	.444	99.603	
29	.636	1.096	78.907		58	.230	.397	100.000	

表29　整体解释的偏差——转轴后的数据

变量	转轴后特征值	偏差数百分比	累积百分比
1	9.662	9.662	
2	5.075	8.749	18.412
3	4.854	8.370	26.781
4	4.442	7.658	34.440
5	3.976	6.855	41.295
6			
…			
X58			

表29是转轴后数据的整体解释的偏差，表中数据说明以下几点：

第一，转轴后，各共同因子的特征值会发生变化，与转轴前不同，转轴前5个共同因子的特征值分别为14.575、3.596、2.178、1.836、1.766，特征值总和为23.951；转轴后5个共同因子的特征值分别为14.575、3.596、2.178、1.836、1.766，特征值总和为23.951，有部分因子的特征值发生改变，但是所有的共同因子的总特征值不变；每个题项之共同性也没有改变，但每一个题项在每个共同因子之间的因子负荷量会改变。

第二，转轴后，被所有共同因子解释的总偏差不变。转轴前 5 个共同因子解释的总偏差值为 41.295%，转轴后 11 个共同因子解释的偏差量亦为 41.295%。

表 30　转轴后的因子矩阵

指标	因子				
	1	2	3	4	5
E11	0.519	0.124		0.167	0.198
E16	0.512	0.166	0.324	0.156	0.161
E6	0.506	0.256	0.128		0.154
E4	0.503	0.291			0.135
M2	0.132	0.631	0.114	0.182	0.138
M1	0.172	0.614		0.131	
M4	0.21	0.601		0.105	0.235
M15		0.594	0.201		0.209
M3	0.172	0.593		0.144	0.188
M10		0.558	0.174	0.222	
M16		0.519	0.291		0.218
E8			0.768		
S16	-0.112		0.723	0.156	
E5		0.145	0.687		0.149
S15		0.146	0.655	0.149	
E13	0.296		0.652	0.105	
E7	0.316		0.603		0.112
E9	0.358		0.585		0.131
S11		0.155	0.553	0.182	0.251
S5		0.155	0.138	0.653	0.132
S2	0.148	0.221		0.602	0.161
S3	0.166	0.153		0.6	

续表

指标	因子				
	1	2	3	4	5
S4		0.184		0.571	0.233
S6	0.199			0.512	0.33
A4	0.116		0.189	0.261	0.701
A3	0.123	0.149	0.207	0.148	0.698
A2	0.214	0.183		0.153	0.685
A1	0.171	0.272	0.119	0.127	0.67

表30是转轴后的因子矩阵,表中数据说明以下几点:

第一,因子负荷量小于0.10者未在表中显示。

第二,指标在其所属的因子层面顺序按照因子负荷量的高低排列。

第三,转轴的主要目的,在于重新安排指标在每一个共同因子之间的因子负荷量。转轴后,使转轴前较大的因子负荷量变得更大,而使转轴前较小的因子负荷量变得更小。

第四,转轴后,指标在每个共同因子之间的因子负荷量的平方总和不变。

第五,表中表明了每一个共同因子所包含的指标数量,比如第一个共同因子包含E11、E16、E6、E4四个指标。

因子转换矩阵如表31所示。因子旋转的目的是使复杂的矩阵变得简洁,即第一因子替代了E11、E16、E6、E4的作用,第二因子替代了M2、M1、M4、M15、M3、M10、M16的作用,第三个因子替代了E8、S16、E5、S15、E13、E7、E9、S11的作用,第四个因子替代了S5、S2、S3、S4、S6的作用,第五个因子替代了A4、A3、A2、A1的作用。对于表29和表30的作用在表31后的综合说明已经对结果进行了解释。

表 31　因子转换矩阵

因　子	1	2	3	4	5
1	.537	.476	.342	.448	.409
2	-.148	-.266	.930	-.198	-.057
3	-.422	.819	.117	-.138	-.344
4	-.711	-.088	.003	.534	.448
5	.076	-.157	.067	.675	-.714

对第一次因子分析的综合说明：

第一，第一次因子分析中，特征值大于 1.5 的因子共有 5 个，因子 2 包含指标数最多，为 8 个指标，因子 1 和因子 5 包含 4 个指标为最少；由于指标 M5、M6、M7、M8、M9、M11、M12、M13、M14、M17、E1、E2、E12、E14、E15、S1、S7、S8、S9、S10、S12、S13、S14、S17、S18、A5、A6、A7 的特征值非常小（根据旋转后得到的因子特征值），所以都没有被包含在各因子中。

第二，因为本研究是探索性分析，指标删除后因子的结构会发生改变，所以需要再次进行因子分析，以进一步验证量表的结构效度。

第三，第二次因子分析的数据为删除指标 M5、M6、M7、M8、M9、M11、M12、M13、M14、M17、E1、E2、E12、E14、E15、S1、S7、S8、S9、S10、S12、S13、S14、S17、S18、A5、A6、A7 后的样本。

（2）第二次因子分析

KMO 是 Kaiser-Meyer-Olkin 的适当性数量，当 KMO 值越大时，表示变量间的共同因素越多，越需要进行因素分析。在本研究中，如果 KMO 值小于 0.5，则不适合进行因子分析，表 32 中显示 KMO 值为 0.900，表示适合作因子分析。如果依据 Bartlett's 检验数据，同样可以得到适合作因子分析的结论。

表 32　KMO 及 Bartlett's 检验

KMO 检验		0.900
Bartlett's 球形检验	卡方检验值	6167.435
	自由度	435
	显著性	0.000

因子碎石图如图 10 所示，从陡坡图中，可以看出从第 5 个因子后坡度开始变得平坦，因此保留 5 个左右的因子比较合适。

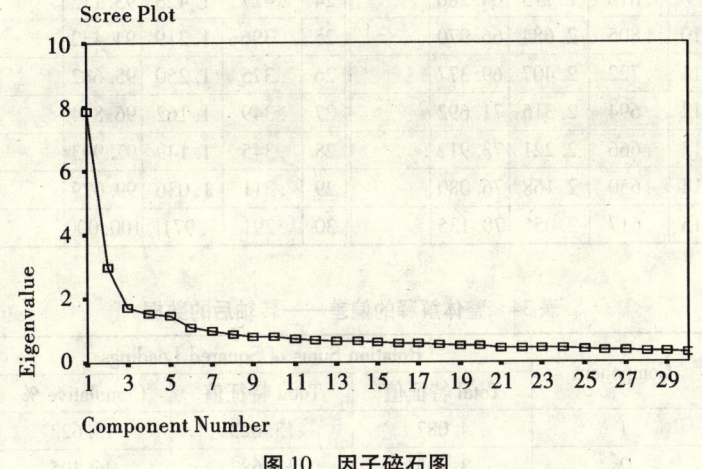

图 10　因子碎石图

表 33 是未转轴前数据的整体解释的偏差，表 34 是整体解释的偏差——转轴后的数据，综合第二次因子分析的结果，从碎石图以及转轴前和转轴后解释偏差的分析结果图表明，共同因子数为 4 个。

表33 整体解释的偏差——未转轴前的数据

变量	转轴前特征值	偏差数百分比	累积百分比	特征值>1者	变量	转轴前特征值	偏差数百分比	累积百分比	特征值>1者
1	7.842	26.141	26.141	√	16	.596	1.987	80.122	
2	2.993	9.977	36.118	√	17	.572	1.906	82.028	
3	1.713	5.709	41.827	√	18	.536	1.786	83.814	
4	1.523	5.078	46.904	√	19	.518	1.727	85.541	
5	1.443	4.811	51.715		20	.499	1.663	87.203	
6	1.074	3.581	55.296		21	.454	1.512	88.716	
7	.995	3.315	58.611		22	.450	1.501	90.216	
8	.888	2.960	61.571		23	.442	1.473	91.689	
9	.815	2.715	64.286		24	.427	1.423	93.112	
10	.805	2.684	66.970		25	.396	1.319	94.432	
11	.722	2.407	69.377		26	.375	1.250	95.682	
12	.694	2.315	71.692		27	.349	1.162	96.844	
13	.666	2.221	73.912		28	.345	1.149	97.993	
14	.650	2.168	76.080		29	.311	1.036	99.029	
15	.617	2.055	78.135		30	.291	.971	100.000	

表34 整体解释的偏差——转轴后的数据

Component	Rotation Sums of Squared Loadings		
	Total 特征值	Total 特征值	Cumulative %
1	4.087	13.623	13.623
2	3.805	12.682	26.305
3	3.221	10.737	37.042
4	2.959	9.863	46.904
5			
...			
30			

表35 转轴后的因子矩阵

指 标	因 子			
	1	2	3	4
E8	0.788			
S16	0.725	0.145		-0.146
E5	0.711	0.113	0.175	
S15	0.672		0.16	
E13	0.659			0.247
E7	0.618	0.113	-0.107	0.359
E9	0.603			0.364
S11	0.563	0.295	0.131	
S4		0.647	0.195	
A4	0.213	0.646		0.234
S2		0.628	0.209	0.128
S5	0.123	0.621	0.185	
S6		0.582	0.113	0.17
A2		0.576	0.117	0.334
A3	0.237	0.564		0.292
A1	0.147	0.563	0.193	0.277
S3	0.102	0.516	0.184	
M2		0.246	0.665	0.172
M1		0.139	0.662	0.2
M15	0.212		0.645	0.12
M3		0.254	0.592	0.211
M4		0.25	0.587	0.262
M16	0.295		0.579	0.108
M10	0.161	0.193	0.539	
E10		0.159		0.657
E6	0.145	0.105	0.196	0.626
E4		0.16	0.26	0.572
E3		0.175	0.361	0.551
E11	0.101	0.266	0.124	0.543
E16	0.334	0.217	0.161	0.516

表 35 是转轴后的因子矩阵,表中数据说明以下几点:

第一,分析组成共同因子的指标的时候,与第一次因子分析相比,把特征值大于 0.5 的指标归入各个因子,各因子所包含的指标间见图 10,比如因子 1 包含指标 E8、S16、E5、S15、E13、E7、E9、S11。

第二,由于所得因子数量与研究所作的假设变量相类似,据此可认为分析结果一定程度上证明了假设,所以不需要在继续因子分析。

(3) 结论。

根据第一次和第二次因子分析的结果,可得到影响高职院校管理育人、服务育人、活动育人和环境育人工作的因素,如表 36 所示。

表 36 影响高职院校管理育人、服务育人、活动育人和环境育人工作的因素摘要表

指 标	解释偏差量	累积解释偏差量	抽取的因子			
			1	2	3	4
E8 学校校园绿化率高,有树、花和草、景观小品等			0.788			
S16 学校能为学生就业提供优质服务			0.725	0.145		-0.146
E5 学校形成了健康的、积极向上的校园文化氛围			0.711	0.113	0.175	
S15 学生服务部门的职工数量多	26.141	26.141	0.672		0.16	
E13 学校图书室馆里图书数量和门类多			0.659			0.247
E7 学校校园面积非常大			0.618	0.113	-0.107	0.359
E9 学校的食堂干净、卫生、整洁			0.603			0.364
S11 学校的教职工关心和爱护学生			0.563	0.295	0.131	

续 表

指 标	解释偏差量	累积解释偏差量	抽取的因子			
			1	2	3	4
S4 学生服务工作成为学校的重要工作之一				0.647	0.195	
A4 学生开展各种团学活动,如公益活动			0.213	0.646		0.234
S2 学校领导重视学生服务工作				0.628	0.209	0.128
S5 学校为学生申请助学贷款提供帮助			0.123	0.621	0.185	
S6 学校为学生就业提供帮助	9.977	36.118		0.582	0.113	0.17
A2 学校开展丰富多彩的社会实践活动				0.576	0.117	0.334
A3 学校开展丰富多彩的文艺、体育活动			0.237	0.564		0.292
A1 学校开展丰富多彩的教学活动			0.147	0.563	0.193	0.277
S3 学校成立为学生服务的各种机构,并明确职责			0.102	0.516	0.184	
M2 学校坚持党的教育方针,遵守国家法律法规				0.246	0.665	0.172
M1 学校坚持党的教育方针,遵守国家法律法规				0.139	0.662	0.2
M15 对学生制定了严格的考勤制度,并认真执行			0.212		0.645	0.12
M3 学校制定了有关学生管理的各种制度	5.709	41.827		0.254	0.592	0.211
M4 学校依据学生管理的相关政策进行奖励和惩处				0.25	0.587	0.262
M16 对学生宿舍严格管理,登记进出的探视人员			0.295		0.579	0.108
M10 对教学进行全面质量管理,特别是教学过程的监控			0.161	0.193	0.539	

续 表

指　标	解释偏差量	累积解释偏差量	抽取的因子			
			1	2	3	4
E10 学生与教师、学生与学生、教师与教师友好交往	5.078	46.904		0.159		0.657
E6 学校有新建的教学大楼、体育馆等良好的设施			0.145	0.105	0.196	0.626
E4 学校办学历史长				0.16	0.26	0.572
E3 学校学生有良好的学习风气				0.175	0.361	0.551
E11 学校教学设施设备齐全、能满足教学的全部要求			0.101	0.266	0.124	0.543
E16 教室干净、桌椅统一、光线好、通风好			0.334	0.217	0.161	0.516

注：表中特征值小于 0.10 的因子未被显示。

根据表 36 中因子所包含的指标项的内容，对 4 个因子分别加以命名，比如因子 1 包含指标 E8、S16、E5、S15、E13、E7、E9、S11，根据各指标的意义取名，则该因子就是影响高职院校教书育人工作的因素之一。

（4）因子命名。

表 37　因子命名表

因　子	1	2	3	4
因子名	校园环境	学生服务与校园活动	学校管理制度	学风与办学设施

根据每个因子包含的指标的意义，我们分别给每个因子进行命名如表 37 所示。含义如下：

①校园环境。指学校的办学条件和校园氛围。这一维度是

影响育人工作最主要的因素，它包含8个指标。指标所表示的含义包括两个方面：一是校园硬件环境，如校容校貌、图书馆藏书、绿化美化程度等；二是校园精神文化，如以生为本的价值观，这是校园文化的核心。优秀的校园文化能陶冶学生的情操，使他们自觉不自觉地融入其中，形成正确的价值取向。

②学生服务与校园活动。指学校成立相关学生服务机构，围绕学生开展的系列教学、团学、助学贷款、社会实践和就业服务活动等。这一维度是影响育人工作比较重要的因素，它包含9个指标。指标所表示的含义包括两个方面：一是要重视学生服务工作，建立健全相应的机构，明确学生服务的工作职责，将学生服务当做学校的重要工作；二是学校围绕为学生服务，开展一系列的活动，帮助学生解决生活中的问题，接触社会、认识社会，陶冶情操。

③学校管理制度。学校管理制度是通过规章制度等外在力量的约束，去规范学生的行为。这一维度是影响育人工作相对重要的因素，它包含8个指标。学校要认真贯彻党的教育方针，科学制定学校教学管理、学生管理的规章制度。

④学风与教学设施。指学校学生学习的风气和学校的教学硬件设施。这一维度包括6个指标，指标所表示的含义包括两个方面：一是和谐的师生关系和良好的学风；二是学校悠久的办学历史和相应的教学设施设备。

通过表36中因子分别解释变量的比率，以及各个因子特征值，可以分析得出校园环境、学生服务与校园活动、管理制度、学风与教学设施等评价指标对高职院校育人工作有影响。目前的四个影响因子中校园环境的特征值最大，其次是学生服务与校园活动。这是我们最应重视的两个维度。从学生满意评价来看，调查的三所高职院校这两方面得分是最多的。

4. 关于高职院校教书育人工作的讨论

(1) 校园文化具有重要的育人功能。

校园文化和德育教育在育人上是一致的,二者相互渗透,相互包容,以不同形式达到相同目的。优秀的校园文化本身就是潜在的教育力量,影响着校园中全部人员的思想,使其形成良好牢固的道德观念、崇高的思想品质和积极向上的人格精神。

(2) 丰富多彩的课内课外活动是育人的重要载体。

社会实践是大学生思想政治教育的重要环节,通过了解社会、了解国情,培养他们的责任感与使命感。各种文体活动可以锻炼学生的体魄、增强学生的修养,并培养他们团结协作的精神。

(3) 耐心细致的学生服务可取得学生的信赖。

思想问题源于生活问题,通过尽心尽力地为学生服务,能获得学生的信赖。应将解决学生的思想问题与实际生活问题结合起来,为学生成长创造良好的条件。

(4) 科学的管理制度是育人工作的保障。

管理是一种手段,同时管理也是一门艺术。管理作为教育人、培养人的艺术,应从单纯的"刚性"管理到"柔性"引导。管理应以人为本,既要科学,又要规范。

5. 关于高职院校做好管理育人、服务育人、活动育人和环境育人工作的建议

(1) 学校应构建环境育人机制,建设积极向上的校园文化。

加强对校园文化建设的领导,由负责学校思想政治教育的部门对校园文化进行统筹安排。通过学术研究,提高对校园文化多元化的认识与了解,从而有目标性、有针对性地开展校风、教风和学风建设,以各种活动,包括学术、科技、体育、艺术等活动为载体,弘扬主旋律,大力宣传高职院校思想政治

教育先进典型和优秀大学生的事迹。

学校还应加强对实训实验设备的投入,增加学校图书的品种与数量等措施来改善办学的硬件环境;还应美化校园环境,包括教室、宿舍和各种课外活动场所等。

(2)学校应构建管理育人机制,以生为本,实现学生管理的科学化。

学校要坚持党的教育方针,遵守各种相关的法律法规,结合学校的实际,制定科学的学生管理措施,如学生学籍管理、学生出勤管理,并严格执行。除上述刚性的措施外,还要进行正确的柔性引导。例如,采用各种措施激励学生,最大限度地调动学生的积极性、主动性和创造性。学校要加强对教师教育教学质量的监控,以提高教学质量来吸引学生学习兴趣和增强学生学习效果。

(3)构建服务机制,为学生学习、生活和就业提供好的条件。

①建立健全高职学生就业指导和服务体系,及时向学生发布就业信息和组织校园招聘会,并对学生进行就业指导,使学生建立正确的择业观。

②加强与企业的合作,按各专业就业工作岗位进行工作任务分析,按职业能力要求为主线构建课程体系与课程内容,从而培养能满足社会需要、具有较强实践能力的学生,为学生就业打下坚实的基础。只有如此,学生才能得到社会的认可,才能提高就业的质量,从而将为学生就业提供服务落实到实处。

③建立学校各部门为学生服务的工作职责,切实将"以生为本"的理念贯穿于我们的每一个工作细节。

六、关于影响高职院校"五育人"工作调查研究的结论

1. "五育人"工作在高职院校工作中的重要性认识

通过以上的调查、分析与研究,无论是高职院校的管理者,还是教师、行政人员和学生,都认为在高职院校中开展"五育人"工作具有重要的意义与作用。

教育育人方面:高职院校的管理者、教师和学生都认为教书育人在学校工作中具有非常重要的地位。管理者和教师对教书育人工作的重要性认识比学生强,而教师也认为自己在工作中贯彻了教书育人的思想,学校管理者是重视教书育人工作的。但学生对学校的教书育人工作满意度没有管理者和教师的高。

管理育人方面:管理者、教师、行政人员和学生大部分都认为学校可以通过提高管理水平来培养学生,学生对管理育人的认识低于学校的教职工。

服务育人方面:管理者、教师、行政人员和学生大部分都认为可以通过提高学校教职工的服务水平来培养学生,其中管理者更看重服务育人在高职院校中的育人作用。

活动育人方面:管理者、教师、行政人员和学生大部分都认为可以通过开展丰富多彩的教学活动和课外活动来培养学生,而且大家的认同度都较高。

环境育人方面:管理者、教师、行政人员和学生大部分都认为可以通过美化校园环境来培养学生,其中管理者的认同度高于教师、行政人员和学生,而学生的认同度最低。

在调查中,大多数调查者最满意的是学校的校园文化和学校开展的各种各样的活动,最为担心的是学校管理制度的科学性。

2. 在高职院校中影响"五育人"工作的主要因素

通过对调查表的数据进行分析,本研究找出了影响"五

育人"工作的主要因素，便于我们在今后的工作中抓住主要矛盾，解决问题，提高育人工作的质量与水平。

影响教育育人工作的因素按影响大小排列，依次是教师政治素质、师生政治面貌与教师教学能力、学校政策措施、教师教学手段与方法、学生表现和教师的知识与技能六个方面。其中教师政治素质影响最大，其次是师生政治面貌与教师教学能力，再次是学校政策措施。这是我们最应重视的三个维度。

另外，校园环境、学生服务与校园活动、管理制度、学风与教学设施等也是影响育人工作非常重要的因素，校园环境和学生服务与校园活动是我们最应重视的两个维度。

3. 结　语

高职院校应加强"五育人"工作，将育人工作纳入学校教学、服务和管理工作，并制定切实可行的措施与办法，将育人工作纳入考核体系。只有学校管理者重视，教师、职工和学生积极参与，才能使育人工作发挥作用，为社会培养专业技能过硬、职业素质达标的高技能人才。

附：

尊敬的女士/先生：

我们对影响高职院校教书育人工作的因素进行研究与调查。本课题是云南省教科委立项的重点科研课题，我们衷心地希望得到您的帮助，请根据您的经验与感受填写表格。对您回答的资料我们将严格保密，如果您想获得此次调查的最终研究成果，请在表的最后面填写联系方式。

昆明冶金高等专科学校
2008 年 6 月 13 日

问卷调查表 1　影响高职院校教书育人工作的因素调查研究

第一部分：基本信息

填写说明：请选择相应的选项，单项选择。

1. 您在教书育人活动中扮演的角色是（　　）。
   A. 学校管理者　　　　B. 教师　　　　C. 学生
2. 您认为教书育人在高职教育中是否重要？（　　）
   A. 重要　　　　　　　B. 一般　　　　C. 不重要
3. 您对高职教育的了解程度？（　　）
   A. 很了解　　　　　　B. 了解
   C. 基本不了解　　　　D. 完全不了解
4. 您对教书育人的了解程度？（　　）
   A. 很了解　　　　　　B. 了解
   C. 基本不了解　　　　D. 完全不了解
5. 您认为现在高职院校教书育人工作的情况如何？（　　）
   A. 非常好　　　　　　B. 很好
   C. 一般化　　　　　　D. 不好
6. 您认为现在高职院校教师的教书育人能力的情况如何？（　　）
   A. 绝大多数教师有能力　　　　B. 一半的教师有能力
   C. 少数教师有能力　　　　　　D. 绝大多数没能力
7. 您认为高职院校领导对教育育人工作的重视程度如何？（　　）
   A. 非常重视　　　　　B. 重视
   C. 一般化　　　　　　D. 完全不重视

第二部分：影响教师教书育人的因素描述

填写说明：以下陈述均为影响教书育人活动的因素，请按该内容在教书育人活动中的重要性选项上打"√"。例如第 1 项您认为非常重要，就在"5"前面的"（）"中打√选择，以此类推。注意：一张表中所有选项不能完全相同，例如都是"很重要"或"不重要"等。

序号	内容	完全不重要	不重要	比较不重要	很重要	非常重要
一	教师思想政治素质					
1	教师忠诚党的教育事业	( )1	( )2	( )3	( )4	( )5
2	教师是中国共产党党员	( )1	( )2	( )3	( )4	( )5
3	教师经常学习党的方针政策,具有坚定的共产主义信念	( )1	( )2	( )3	( )4	( )5
4	教师保持一种积极进取的心态	( )1	( )2	( )3	( )4	( )5
5	教师有正确的世界观、人生观和价值观	( )1	( )2	( )3	( )4	( )5
6	教师具有崇高的职业荣誉感和强烈的事业心	( )1	( )2	( )3	( )4	( )5
7	教师遵循职业道德	( )1	( )2	( )3	( )4	( )5
8	教师关心爱护学生	( )1	( )2	( )3	( )4	( )5
9	教师以身作则,为人师表	( )1	( )2	( )3	( )4	( )5
10	教师淡泊名利	( )1	( )2	( )3	( )4	( )5
11	教师具有团队合作精神	( )1	( )2	( )3	( )4	( )5
12	教师能意识到教书育人是自己的重要职责之一	( )1	( )2	( )3	( )4	( )5
二	教师业务素质					
13	教师具有高学历与高职称	( )1	( )2	( )3	( )4	( )5
14	教师有很强的专业实践技能	( )1	( )2	( )3	( )4	( )5
15	教师科研成果、论文著作丰硕	( )1	( )2	( )3	( )4	( )5
16	教师具有丰富的教学经验	( )1	( )2	( )3	( )4	( )5

续 表

序号	内　容	完全不重要	不重要	比较不重要	很重要	非常重要
17	教师教学年限长	( ) 1	( ) 2	( ) 3	( ) 4	( ) 5
18	教师具有创新思维	( ) 1	( ) 2	( ) 3	( ) 4	( ) 5
19	教师严谨治学	( ) 1	( ) 2	( ) 3	( ) 4	( ) 5
20	教师具有广博的知识	( ) 1	( ) 2	( ) 3	( ) 4	( ) 5
三	教学过程					
21	教师将育人工作贯穿于整个教学过程中	( ) 1	( ) 2	( ) 3	( ) 4	( ) 5
22	教师在教学中注重调动学生的主动性和积极性	( ) 1	( ) 2	( ) 3	( ) 4	( ) 5
23	教师注重研究教学方法和改进教学手段	( ) 1	( ) 2	( ) 3	( ) 4	( ) 5
24	教师在教学中注重培养学生的创新能力	( ) 1	( ) 2	( ) 3	( ) 4	( ) 5
25	教师上课对学生具有感染力	( ) 1	( ) 2	( ) 3	( ) 4	( ) 5
26	教师的教学内容丰富	( ) 1	( ) 2	( ) 3	( ) 4	( ) 5
27	教师在教学中注重培养学生的学习兴趣，充分调动学生的学习积极性	( ) 1	( ) 2	( ) 3	( ) 4	( ) 5
四	学校措施与政策					
28	学校领导重视教书育人工作	( ) 1	( ) 2	( ) 3	( ) 4	( ) 5
29	学校定期研究安排教书育人工作	( ) 1	( ) 2	( ) 3	( ) 4	( ) 5
30	学校建立教书育人工作的领导管理体制	( ) 1	( ) 2	( ) 3	( ) 4	( ) 5
31	学校建立教书育人的考核措施	( ) 1	( ) 2	( ) 3	( ) 4	( ) 5
32	学校大力表彰教书育人的教师	( ) 1	( ) 2	( ) 3	( ) 4	( ) 5

续 表

序号	内 容	完全不重要	不重要	比较不重要	很重要	非常重要
33	学校加强对教师教书育人能力的培训	( ) 1	( ) 2	( ) 3	( ) 4	( ) 5
34	学校在课程设置中加入相应教书育人的内容	( ) 1	( ) 2	( ) 3	( ) 4	( ) 5
35	学校将"两课"作为教书育人工作的重要渠道	( ) 1	( ) 2	( ) 3	( ) 4	( ) 5
36	学校将教书育人工作贯穿于各种教学活动中，如课堂教学、校内校外实习实训等	( ) 1	( ) 2	( ) 3	( ) 4	( ) 5
37	学校将教书育人工作贯穿于各种课外活动中	( ) 1	( ) 2	( ) 3	( ) 4	( ) 5
五	学生表现					
38	学生愿意参加学校组织的各种教书育人活动	( ) 1	( ) 2	( ) 3	( ) 4	( ) 5
39	学生尊敬、热爱和信任教师	( ) 1	( ) 2	( ) 3	( ) 4	( ) 5
40	学生有较强的自我约束能力	( ) 1	( ) 2	( ) 3	( ) 4	( ) 5
41	学生有良好的道德品质	( ) 1	( ) 2	( ) 3	( ) 4	( ) 5
42	学生愿意勤奋学习	( ) 1	( ) 2	( ) 3	( ) 4	( ) 5
43	学生积极申请加入党组织	( ) 1	( ) 2	( ) 3	( ) 4	( ) 5
44	学生愿意参加集体活动	( ) 1	( ) 2	( ) 3	( ) 4	( ) 5
45	学生愿意为其他同学提供帮助和服务	( ) 1	( ) 2	( ) 3	( ) 4	( ) 5
46	学生关心国家大事，有社会责任感	( ) 1	( ) 2	( ) 3	( ) 4	( ) 5
47	学生有明确的学习目标	( ) 1	( ) 2	( ) 3	( ) 4	( ) 5
48	学生的学习自主性强	( ) 1	( ) 2	( ) 3	( ) 4	( ) 5

问卷调查表2　影响高职院校管理育人、服务育人、活动育人和环境育人工作的因素调查研究

第一部分：基本信息

填写说明：请选择相应的选项，单项选择。

1. 您在为学生工作的活动中扮演的角色是（　　　）。
   A. 管理者　　B. 教师　　C. 学生　　D. 行政人员
2. 您认为能否通过提高管理水平来培养学生？（　　）
   A. 能　　B. 不能　　C. 说不清
3. 您认为能否通过提高教职工的服务水平来培养学生？（　　）
   A. 能　　B. 不能　　C. 说不清
4. 您认为能否通过开展丰富的教学活动和课外活动来培养学生？（　　）
   A. 能　　B. 不能　　C. 说不清
5. 您认为能否通过美化校园环境来培养学生？（　　）
   A. 能　　B. 不能　　C. 说不清
6. 对您的学校来说，下面哪项您最满意？（　　）
   A. 学校的管理制度
   B. 学校优美的环境
   C. 校园文化（校风、教风、学风）
   D. 学校开办的各种各样的活动（如创新比赛等）
   E. 教师提供的教学服务
   F. 职工提供的各种学生服务
7. 对您的学校来说，下面哪项是您最担心的？（　　）
   A. 学生缺课　　　　　　　　B. 教师的工作积极性
   C. 学校管理制度的科学性　　D. 学生活动的经费来源
   E. 学校的软环境建设

第二部分：影响育人工作的因素描述

填写说明：以下陈述均为影响育人活动的因素，请按该内容在育人活动中的重要性选项上打"√"。例如第1项您认为非常重要，就在"5"前面的"（ ）"中打√选择，以此类推。注意一张表中所有选项不能完全相同，例如都是"很重要"或"不重要"等。

序号	内 容	完全不重要	不重要	比较不重要	很重要	非常重要
一	管理育人					
1	学校坚持党的教育方针,遵守国家法律法规	( ) 1	( ) 2	( ) 3	( ) 4	( ) 5
2	学校严格执行上级教育主管部门的有关政策	( ) 1	( ) 2	( ) 3	( ) 4	( ) 5
3	学校制定了有关学生管理的各种制度	( ) 1	( ) 2	( ) 3	( ) 4	( ) 5
4	学校依据学生管理的相关政策进行奖励和惩处	( ) 1	( ) 2	( ) 3	( ) 4	( ) 5
5	学校通过各种管理手段,提高教师的教学水平	( ) 1	( ) 2	( ) 3	( ) 4	( ) 5
6	学校通过各种办法,提高职工的服务水平	( ) 1	( ) 2	( ) 3	( ) 4	( ) 5
7	学校能通过管理,及时发现教学活动中存在的任何问题,并及时进行处理	( ) 1	( ) 2	( ) 3	( ) 4	( ) 5
8	学校进行广泛的人才需求调查,制订的人才培养方案能培养出具有良好职业道德与能力的学生	( ) 1	( ) 2	( ) 3	( ) 4	( ) 5
9	学校制定严密的教学管理工作流程,并遵照执行,出现问题及时纠偏	( ) 1	( ) 2	( ) 3	( ) 4	( ) 5
10	对教学进行全面质量管理,特别是教学过程的监控	( ) 1	( ) 2	( ) 3	( ) 4	( ) 5
11	严格处理影响教学质量和教学管理规定的相关工作人员	( ) 1	( ) 2	( ) 3	( ) 4	( ) 5

续 表

序号	内 容	完全不重要	不重要	比较不重要	很重要	非常重要
12	对学生的评奖评优客观、公正	( ) 1	( ) 2	( ) 3	( ) 4	( ) 5
13	对教师教学效果的评价客观、公正并与绩效挂钩	( ) 1	( ) 2	( ) 3	( ) 4	( ) 5
14	实训室、机房或多媒体教室管理规范，使用率高	( ) 1	( ) 2	( ) 3	( ) 4	( ) 5
15	对学生制定了严格的考勤制度，并认真执行	( ) 1	( ) 2	( ) 3	( ) 4	( ) 5
16	对学生宿舍进行严格管理，登记进出的探视人员	( ) 1	( ) 2	( ) 3	( ) 4	( ) 5
17	对食堂的食品质量、卫生、数量及价格进行管理	( ) 1	( ) 2	( ) 3	( ) 4	( ) 5
二	活动育人	( ) 1	( ) 2	( ) 3	( ) 4	( ) 5
18	学校开展丰富多彩的教学活动	( ) 1	( ) 2	( ) 3	( ) 4	( ) 5
19	学校开展丰富多彩的社会实践活动	( ) 1	( ) 2	( ) 3	( ) 4	( ) 5
20	学校开展丰富多彩的文艺、体育活动	( ) 1	( ) 2	( ) 3	( ) 4	( ) 5
21	学生开展各种团学活动，如公益活动	( ) 1	( ) 2	( ) 3	( ) 4	( ) 5
22	学生参加勤工助学活动	( ) 1	( ) 2	( ) 3	( ) 4	( ) 5
23	学生参加职业资格证书的培训与考试活动	( ) 1	( ) 2	( ) 3	( ) 4	( ) 5
24	学校结合学生情况经常开展学术活动、科技创新活动	( ) 1	( ) 2	( ) 3	( ) 4	( ) 5

续 表

序号	内容	完全不重要	不重要	比较不重要	很重要	非常重要
25	学生参加活动的积极性高	( )1	( )2	( )3	( )4	( )5
三	服务育人	( )1	( )2	( )3	( )4	( )5
26	学校把为学生服务当做每位职工的重要职责	( )1	( )2	( )3	( )4	( )5
27	学校领导重视学生服务工作	( )1	( )2	( )3	( )4	( )5
28	学校成立为学生服务的各种机构,并明确职责	( )1	( )2	( )3	( )4	( )5
29	学生服务工作成为学校的重要工作之一	( )1	( )2	( )3	( )4	( )5
30	学校为学生申请助学贷款提供帮助	( )1	( )2	( )3	( )4	( )5
31	学校为学生就业提供帮助	( )1	( )2	( )3	( )4	( )5
32	学校安排班主任、辅导员参与学生服务工作	( )1	( )2	( )3	( )4	( )5
33	班主任和辅导员专业素质高、专业技能高	( )1	( )2	( )3	( )4	( )5
34	班主任和辅导员思想素质好、沟通能力强	( )1	( )2	( )3	( )4	( )5
35	班主任和辅导员多才多艺,积极组织文艺和体育活动	( )1	( )2	( )3	( )4	( )5
36	学校的教职工关心和爱护学生	( )1	( )2	( )3	( )4	( )5
37	学校关心贫困学生,并为他们创造勤工助学机会	( )1	( )2	( )3	( )4	( )5
38	学生服务部门的教职工服务态度好	( )1	( )2	( )3	( )4	( )5

续　表

序号	内　容	完全不重要	不重要	比较不重要	很重要	非常重要
39	学生服务部门的职工职称水平高，学历高	( ) 1	( ) 2	( ) 3	( ) 4	( ) 5
40	学生服务部门的职工数量多	( ) 1	( ) 2	( ) 3	( ) 4	( ) 5
41	学校能为学生就业提供优质服务	( ) 1	( ) 2	( ) 3	( ) 4	( ) 5
42	学校能为大学生排解思想上出现的难题	( ) 1	( ) 2	( ) 3	( ) 4	( ) 5
43	学生信任和依靠班主任和辅导员	( ) 1	( ) 2	( ) 3	( ) 4	( ) 5
四	环境育人	( ) 1	( ) 2	( ) 3	( ) 4	( ) 5
44	学校有优良的校风和光荣的传统	( ) 1	( ) 2	( ) 3	( ) 4	( ) 5
45	学校教师有良好的教学风气	( ) 1	( ) 2	( ) 3	( ) 4	( ) 5
46	学校学生有良好的学习风气	( ) 1	( ) 2	( ) 3	( ) 4	( ) 5
47	学校办学历史长	( ) 1	( ) 2	( ) 3	( ) 4	( ) 5
48	学校形成了健康的、积极向上的校园文化氛围	( ) 1	( ) 2	( ) 3	( ) 4	( ) 5
49	学校有新建的教学大楼、体育馆等良好的设施	( ) 1	( ) 2	( ) 3	( ) 4	( ) 5
50	学校校园面积非常大	( ) 1	( ) 2	( ) 3	( ) 4	( ) 5
51	学校校园绿化率高，有树、花和草、景观小品等	( ) 1	( ) 2	( ) 3	( ) 4	( ) 5
52	学校的食堂干净、卫生、整洁	( ) 1	( ) 2	( ) 3	( ) 4	( ) 5
53	学生与教师、学生与学生、教师与教师之间友好交往	( ) 1	( ) 2	( ) 3	( ) 4	( ) 5

续 表

序号	内 容	完全不重要	不重要	比较不重要	很重要	非常重要
54	学校教学设施设备齐全、能满足教学的全部要求	( )1	( )2	( )3	( )4	( )5
55	学校校园地理位置优越，交通方便	( )1	( )2	( )3	( )4	( )5
56	学校图书室馆里图书数量和门类多	( )1	( )2	( )3	( )4	( )5
57	学校周边环境好	( )1	( )2	( )3	( )4	( )5
58	学生宿舍整洁、过道干净	( )1	( )2	( )3	( )4	( )5
59	教室干净、桌椅统一、光线好、通风好	( )1	( )2	( )3	( )4	( )5

参考文献：

[1] 艾尔·巴比. 社会学研究 [M]. 北京：华夏出版社, 2000.

[2] 马庆国. 管理统计 [M]. 北京：科学出版社, 2002.

[3] 李沛良. 社会学统计应用 [M]. 北京：社会科学文献出版社, 2002.

[4] 吴明隆. SPSS统计应用实务 [M]. 北京：中国铁道出版社, 2000.

[5] 余建英，何旭宏. 数据统计分析与SPSS应用 [M]. 北京：人民邮电出版社, 2003.

[6] 汪凤涛. 高校"全方位育人机制的建立" [J]. 新东风 新领导, 2006 (07).

[7] 娄志勇. 新时期做好高校教师教书育人工作的对策 [J]. 安徽教育学院学报, 1998 (03).

[8] 刘峰. 新时期如何强化高校教师与教书育人工作的关系 [J]. 黑龙江高教研究, 2005 (07).

[9] 于健, 徐德新. 新形势下教书育人工作实效性的探索 [J]. 辽宁教育研究, 2002 (05).

[10] 张立华. 新时期校园文化在高校德育中的作用 [J]. 山西高等学校社会科学学报, 2008 (06).

云南省高职高专院校全方位育人机制研究
——服务、管理、活动等育人总结报告

一、课题研究基本概述

1. 问卷调查

(1) 全方位育人的重要性调查。

以教书育人、管理育人、服务育人、活动育人和环境育人是否重要为指标内容,向昆明冶金高等专科学校等云南省三所高职院校的教师、管理者和学生进行随机问卷调查。共发出问卷调查表650份,收回调查表605份,收回率为93.1%,有效调查表586份,有效率为90.2%。其中学生问卷样本为344份,占有效问卷总样本量的58.7%。

(2) 活动育人、服务育人等开展的评价调查。

以学校开展的学生活动、服务、管理等为指标内容进行问卷评价,向昆明冶金高等专科学校物流学院学生进行随机问卷调查,共发出评价问卷表200份,收回调查表195份,收回率为97.%,有效调查表186份,有效率为93%。

2. 调查结果

(1) 全方位育人的重要性认识。

调查结果表明,学校管理者、教师和学生一致认为,可以通过加强管理、增强服务和开展活动等来达到育人的目的。

(2) 对学校服务、管理、活动等开展的评价程度和开展

意见。

通过调查者对学校最满意方面和对学校服务、管理、活动等开展情况进行问卷评价的调查结果来看,高职院校开展服务、管理、活动等情况普遍得到了学生和教师的认可,满意度显著。

二、课题研究取得的成效

通过在昆明冶金高等专科学校物流学院开展全方位育人机制建设及一系列工作制度的实施,验证了高职院校开展服务、管理、活动等育人工作取得了很大成效。

1. 学生自我教育效果明显

通过健全组织机构,充分发挥学生党、团、学组织的作用,把学生党、团、学组织作为培养学生干部的主阵地,作为进行学生思想政治教育的主要渠道和重要力量,同时作为校园文化建设和开展各类学生活动不可缺少的重要组成部分。通过积极发展学生党员,不断壮大学生党员队伍,通过抓好学生党建工作,不断提高学生党员的思想政治意识,拓展学生自我教育的深度和广度,使学生党员在思想政治教育中充分发挥模范带头作用,党支部在思想政治教育中发挥战斗堡垒作用,增强学生党组织的凝聚力、影响力和渗透力。

2. 营造了良好的校园文化氛围

通过积极开展服务、管理、活动等全方位育人工作,满足了学生的各种需要,达到培养学生团队意识、集体荣誉感和增进团结的目的,为学生思想政治教育营造了良好的校园文化氛围。

(1) 把文体活动作为学生活动的主要轴线。

学院围绕"班级—系(部)—学院(校)"这条轴线来开展文体活动,自下而上或从上至下多层次开展活动,学生参与面大。秉承传统，不断总结和完善，努力做到推陈出新。学院现已形成了一套适合学院开展学生文体活动的模式，即在春季学期主要组织开展排球比赛、乒乓球比赛、社团风采大赛、"五四"文艺晚会、歌咏比赛、普通话大赛等活动；在秋季学期主要组织开展"迎新"拔河比赛、"迎新"文艺晚会、篮球比赛、田径运动会、登山比赛等活动。在活动中，充分调动学生的参与性和积极性，注意内容的更新变换，并增设了师生同乐项目，师生互动，同台演出，同场竞技，增加了观赏性和娱乐性。每年所开展的学生活动有：

体育类：田径、篮球、排球、足球、乒乓球、拔河比赛、登山比赛、环校长跑等，共600余场次。

文艺类："迎新"晚会、"五四"文艺晚会、"学团章、唱团歌"合唱比赛、助残活动表演等，共10余场次。

科技艺术类：知识竞赛、演讲比赛、征文比赛、"发明杯"大学生创新大赛、"创新杯"创业设计、网页设计大赛、书法大赛、"秀出我风采"美术、创意才艺大赛、团日设计大赛等，共20余场次。

讲座类：专业介绍、就业指导、成功创业、诚信教育、和谐社会、心理健康、法制安全、禁毒等，共20余场次。

争先创优评选、表彰类：黑板报评比、文明宿舍评比、"青年志愿者先进集体、先进个人"评选、"勤工助学之星"评选、优秀学生评选、各类奖学金评选、优秀学生表彰、文体活动颁奖等，共10余次。

社会服务、实践活动类：主题团日活动、志愿者社会服务、社会实践、助残活动、帮贫助困、捐资助学、爱国主义教育等，共50余场次。

（2）精心策划，合理安排活动内容和时间。

在制订文体活动计划时，把"学校（院）—系（部）—

班级"各级团学组织预期开展活动的内容、时间、场地进行合理的分配和计划,保证活动有序开展,尽量减少冲突,并充分发挥资源的有效利用。

(3) 以活动为载体,于活动中育人。

通过开展学生活动,来丰富学生校园文化生活,促进学生身心快乐、陶冶情操,培养和提高学生的团队精神、人文素养和拼搏意志。

(4) 服务学生,培养和锻炼团学干部。

通过开展丰富多彩的学生活动,为广大学生和团学干部创造了广泛接触同学、服务同学的机会,让他们能得到了全面锻炼,使他们的服务能力、沟通协调能力、组织能力等有了很大提高。

(5) 构建和谐校园,彰显校园文化内涵。

通过开展各类学生活动,极大地加强了校园文化建设,为学生快乐学习、健康生活营造了良好氛围。

3. 拓展了社会服务与实践活动

努力发挥思想政治教育的主渠道作用,积极开展社会服务与实践活动,走出校门,了解社会、体验生活、服务社会,以爱心和奉献、热情和服务,在实践中努力提高自身的综合素质,传承民族优良文化传统。

(1) 缅怀革命先烈,接受爱国主义思想教育。

组织学生重走红军长征路,参观柯渡红军纪念馆;悼念"一二·一"惨案先烈,参观烈士纪念馆;缅怀革命先烈,到黑龙潭公园革命烈士墓进行扫墓等。通过开展这些活动,对当代大学生进行爱国主义思想教育,从而激发大学生的爱国热情和对党的热爱。

(2) 积极开展献爱心助残活动。

学院通过建立和完善学院和教学部两级青协组织,积极开展活动，拓展了学院整个青协服务的范围和对象，并逐步得到服务单位的认可；建立了稳定的服务单位和共建单位。几年来，学院青协坚持献爱心助残活动，每年都到新萌学校、培智学校、华夏中专等开展活动。按照活动规模，每次活动前，在学院内公开招募志愿者20至50人参加。

2007年，学院50名志愿者很荣幸地被新萌学校邀请，与多家单位和媒体共同参加新萌学校的"同样的蓝天 同样的快乐"庆"六一"活动，该活动仅仅邀请了2所高校参加。此外，教学部青协服务队立足学院内部及周边社区、干休所等服务工作，形成了独具特色的活动。正是学院青协长期坚持服务社会、奉献社会的努力工作，才得到了社会的认可。

2008年，在昆明召开的第七届全国残运会期间，物流学院青协积极响应和开展服务残运会活动，参加服务的同学深深感受到了残运健儿的不屈精神。通过活动，体现了志愿活动对特殊人群服务的价值所在，同时坚定了学院青协今后坚持开展助残主题活动的信心。

（3）积极开展帮贫助困、捐资助学活动。

学院每年组织开展1~2次捐资助学活动，大力宣传勤俭节约，杜绝浪费，少花一点零花钱，伸出援助之手，奉献赤诚爱心，哪怕捐出一毛钱、一本书、一件衣服，也是爱心的体现。不论是对灾区人民，还是对身边的同学，应本着"一方有难，八方支援"、"同学困难，积极关爱"的爱心去帮扶他们，让他们渡过难关，感受到援助的巨大力量，树立战胜困难的信心。

4. 稳定开展思想政治教育的重要活动

（1）大力推进班级主题团日活动。

在学院团委和教学部团总支的指导下，各班级团支部积极组织开展主题团日活动，力求内容形式多样，走进工厂、学校、社区。广泛开展献爱心和公益活动,如看望孤寡老人、环保宣传、环境卫生、校外辅导员、扶贫助困、联谊等活动。通过开展一系列活动,充分发挥了班级团支部的组织作用,在增强了班级团支部凝聚力的同时,促进了基层团组织的建设,夯实了基础,拓展了广大同学的视野,得到了更多的启发和教育。

(2) 积极开展争先创优活动。

除积极开展学校安排的一系列评优活动外,学院还根据自己的实际,增加了部分评优内容,如班级黑板报评比、院级文明宿舍评比、"青年志愿者先进集体、先进个人"评选、"勤工助学之星"评选、早锻炼先进班集体评选等。根据评优情况,每学期召开2次表彰大会,对在各类活动和评优中获奖的集体、个人给予表彰奖励。

(3) 定期开展其他活动。

通过这些活动的开展,如专业技能竞赛活动、开办多种专题讲座活动、召开多形式学生座谈会等,更加丰富了学生校园文化生活,提升了专业知识,激发了学习热情,拓宽了思维空间,培养了更多的兴趣和爱好。

5. 形成良好的工作制度

日常管理常抓不懈,学生之事无小事,学生工作无止境。做好学生工作,必须坚持制度建设,在常抓不懈上狠下工夫,把措施与制度、职责与人员落实到位,加强日常管理和服务。

(1) 坚持每周召开一次主题班会制度。

学院多年来一直坚持每周召开一次主题班会,班会形式多样,内容丰富,主题鲜明,努力做到三个相结合:把交流与互动相结合,把表扬激励与具体讲评相结合,把做好思想工作与解决具体困难相结合。开主题班会前,要摸清情况,用心准备,努力使每一次班会都能达到预想的目的。

(2) 认真开展学生思想问题排查和谈心制度。

班主任、辅导员真正关心每一位同学,体现在日常生活中,主动接触学生,关心学生的学习、生活和思想,及时了解和掌握每一位学生的思想状况,并及时帮助有困难的学生。只有倾注爱心,坦诚相待,学生才会信任你,才会表露真实思想,反映真实情况。在做后进学生的思想转化工作中,除班主任、辅导员外,还有教学部、学服办等部门领导和学院领导,通过不同的谈话角度和不同的引导方式,最终都能收到良好的教育效果。班主任平均每月与学生谈心达30次以上。

(3) 坚持早锻炼制度。

几年来,学院始终要求一、二年级学生早锻炼,其目的主要是养成学生良好的生活习惯。虽然早锻炼只是一种形式,但要让学生真正理解和明白其中的道理,健康的体魄和良好的生活习惯不仅是学习的保证,还能为今后事业发展奠定坚实的基础。学生每周出操4次,出操率达95%以上。

(4) 坚持每周一次的升旗仪式。

举行升国旗仪式,仰望冉冉升起的国旗,让学生深刻感受到在和平的环境中热爱祖国的情怀,在内心深处接受爱国的洗礼,从而激发奋发向上的学习热情,更加珍惜时间,热爱生活。

(5) 坚持每天校园广播宣传。

校园广播站每天都有宣传、广播、报道,及时把实事、要闻、好人好事等进行宣传报道,让广大师生能通过校园广播站了解更多的国内外形势。

(6) 实行24小时值班制度。

从学院领导到副科级以上干部以及全体班主任、管理人员等都轮流安排值班,做到人员落实到位,责任落实到人。此外,还加强了门卫、宿管员、医务人员的值班和管理,实行

24小时服务和管理,把全程育人、全员育人落实到学生的整个学习生活过程中,及时化解和帮助学生解决可能发生的各种矛盾以及出现的问题,保证校园秩序的稳定。

6. 近年来取得的主要成绩

近年来,学院在服务、管理、活动等育人工作中,取得了较好的成绩,特别是在学生活动方面取得的成绩更为喜人。

(1) 班主任工作有明显改进,优秀班主任评出率提高。

2006—2007学年评出优秀班主任15人,占全院班主任总人数的48.4%,其中校级优秀班主任5人,占全校班主任总人数的16.1%;院级优秀班主任10人,占全院班主任总人数的32.3%。

2007—2008学年评出优秀班主任23人,占全院班主任总人数的88.5%,其中校级优秀班主任9人,占全校班主任总人数的34.6%;院级优秀班主任14人,占全院班主任总人数的53.8%。

比较结果:2007—2008学年优秀班主任比2006—2007学年优秀班主任增加了40.1%,其中校级优秀班主任增加了18.5%,院级优秀班主任增加了21.5%。2007—2008学年优秀班主任评出率比同年全校平均优秀率高12.4%。

(2) 学生工作成绩突出,优秀学生评出率提高。

2006—2007学年评出优秀学生406人,占全院学生总人数的33.4%,其中校级优秀学生300人,占全校学生总人数的24.7%;院级优秀学生106人,占全院学生总人数的8.7%。

2007—2008学年评出优秀学生816人,占全院学生总人数的73.2%,其中校级优秀学生388人,占全校学生总人数的34.8%;院级优秀学生428人,占全院学生总人数的38.4%。

比较结果:2007—2008学年优秀学生比2006—2007学年优秀学生增加了39.8%,其中校级优秀学生增加了10.1%,院级优秀学生增加了29.7%。2007—2008学年优秀学生评出率比同年全校平均优秀率高6.5%。

(3)没有恶性事件发生,受处分学生大为减少。

2006—2007学年受警告以上处分学生为16人次,为全院学生总人数的1.3%。2007—2008学年受警告以上处分学生为7人次,为全院学生总人数的0.6%。

比较结果:2007—2008学年受处分学生比2006—2007学年受处分学生减少55%。

三、存在问题与对策

1. 存在的主要问题

学生活动永远是校园文化的主题,高职院校学生活动虽然开展较好,但发展前景令人担忧。主要存在的问题:

(1)缺乏活动经费投入。学生活动经费的投入并没有随着学生活动不断创新发展的变化而增加投入,限制了学生活动的创新发展,削弱了学生活动开展的热情。

(2)缺乏活动场地拓展。随着经济社会的日益发展和高职院校办学规模的不断壮大,推动了校园文化建设发展的步伐,学生活动种类增多,活动项目推陈出新,活动场地要求不断拓展增加,才能更好地满足学生活动创新发展的需要。

(3)缺乏活动项目开发。高职院校学生活动项目更多是在既有条件下开展的,这不仅阻碍了学生活动的创新发展,也严重地削弱了师生积极开发学生活动项目的积极性和主动性。

(4)缺乏活动团队建设。组织开展学生活动,必须有一支既热心又具专长的老师和学生骨干团队,然而,学校(院)在这方面重视还不够,缺乏对人力资源的开发和利用。

（5）缺乏长效机制建设。开展学生活动贵在"持之以恒"的热情，同时也离不开必要的激励措施，要想学生活动开展好，长效机制建设不可少。

2. 解决问题的对策

（1）学校（院）领导真正重视学生活动的开展，要不断加大学生活动经费的投入，不断改善活动场地和设施条件。真正意义地重视和关心，要体现在行动上的积极支持，努力增加学生活动专项经费投入，积极改善学生活动场地和设施，为学生活动开展提供条件保证。

（2）积极创新学生活动。既传承传统校园文化，又不断推陈出新，在内容上、形式上、方法上、手段上不断地有所创新，使学生活动开展更具时代气息，不断满足广大学生的精神生活和学习生活需要。

（3）加强学生活动团队建设。打造一支强有力的学生活动团队，需要学校（院）和相关部门用心去培养、挖掘热情于学生工作和组织开展学生活动的积极分子，充分调动广大师生的积极性，构建师生人才梯队，保证学生活动开展和校园文化建设蒸蒸日上、经久不衰。

（4）建立学生活动长效机制。建立学生活动长效机制，主要是建立健全一套具有科学和合理的组织、工作、考评、激励、监管等制度和措施，并能使之公开化、规范化和经常化，同时，活动长效机制要富有人性化和创新化。

第三部分
研究论文

开创大学生思想政治教育工作新局面的几点思考

摘要： 新形势下高校德育工作新情况、新问题不断涌现，使大学生思想政治工作面临新的机遇和挑战。开创大学生思想政治教育的新局面，应全程贯彻五项任务，做到五个结合，抓好六个方面的工作，落实五个方面的实际问题，系统推进，全面发展。

关键词： 大学生　思想政治工作　德育教育

改革开放以来，我国经济体制发生了深刻变革，社会结构发生了深刻变动，利益格局进行了深刻调整，思想观念发生了深刻变化。这些变化对当代大学生的思想观念和行为方式产生了深刻影响，特别是近年来，大量80后、90后大学生由于所处社会环境的变化，使得他们有了新的特点，如自我意识较强、信息来源广泛，易受各种思想影响，但部分学生没有明确的生活、学习目标，学习动力不足等等。全面审视我国目前大学生德育工作现状，不难发现确实存在许多问题，远远不能适应形势发展的需要。早在2004年10月，党中央、国务院就发布了《关于进一步加强和改进大学生思想政治教育的意见》（以下简称《意见》），2005年1月胡锦涛总书记又在"全国加强和改进大学生思想政治教育工作会议"上发表了重要讲话（以下简称"讲话"）。《意见》和"讲话"构成了新时期指导大学生思想政治教育工作的理论纲领和实践指南。根据

《意见》和"讲话"的精神和要求,并针对当前大学生的特点,探讨如何在新时期加强和改进高校大学生思想政治教育工作,具有十分重要的意义。

一、全面教育,思想政治教育要全程贯彻五项任务

1. 加强理想信念教育

理想信念是学生前进的风标,表现为对追求终极目标的一种坚定的心理倾向。在成才成功的路上,就会旗帜鲜明地表现出追求什么,捍卫什么,坚持什么,摒弃什么;分清什么是正义,什么是邪恶;什么是高尚,什么是卑劣;什么是真善美,什么是假丑恶。

价值取向引领着人创造的方向。因此,深入进行正确的世界观、人生观和价值观教育,是树立学生崇高理想和坚定信念的首要内容。胡锦涛总书记指出:"理想信念是一个政党治国理政的旗帜,一个民族奋力前行的向导,也是有志青年奋发向上的动力。"全面奔小康,建立现代化国家,实现中华民族的伟大复兴,是全国人民的共同理想和坚定不移的信念。每个学生的理想抱负只有和这个大目标相统一,并以此规划和设计自己的职业生涯,才能实现自我的价值。因此,要用中国特色社会主义理论去武装学生,帮助他们树立远大理想,深切感受波澜壮阔的深刻变革跳动的时代脉搏,在创新图变中找到人生定位,创造社会财富。人的一生不在于世界给了我什么,而在于我给世界留下了什么,这才是最壮美的人生。

没有理想信念,国家很容易出问题。美国就是利用欧洲一些国家的人民缺乏理想信念,施以物质诱惑,策动"街头政治",从而达到自己的政治目的。例如,乌克兰政府就倒在美国政府的"街头政治"面前。这是我们永远应该汲取的前车之鉴。资本主义国家同样对学生进行理想信念教育,美国大学

生必须学习的三项内容就是宪法、独立宣言、解放宣言。我们是社会主义国家，这是我们的政治优势，也是我们的教育优势，更应把理想信念教育发扬光大。

2. 加强以爱国主义教育为重点的民族精神教育

民族精神是一个民族赖以生存和发展的精神支撑。中华民族经历了五千多年辉煌的历史，世界上没有哪一个民族像中华民族这样源远流长，历史从未间断。共同生存、共同发展、风雨同舟、和衷共济、精诚团结、励精图治是中华民族的优良传统，而以爱国主义为核心的团结统一、爱好和平、勤劳勇敢、自强不息是中华民族的伟大民族精神。

学校思想政治理论教育，首先要形成内容丰富、涵盖面广、教育作用强的爱国主义教育体系，增强学生的责任感、使命感、事业感，自觉维护国家荣誉，有国格、人格尊严，以拳拳报国之心，去推动历史车轮滚滚向前。其次要以爱国主义为核心，以国家意识、文化认同、公民人格教育为重点，构建、弘扬和培育民族精神教育体系，并且把弘扬和培育民族精神纳入学校教育教学全过程，贯穿于学校教育教学的各个环节，引导学生增强民族自尊心、自信心、自豪感。

3. 加强公民道德教育

要把"八荣八耻"和"爱国守法、明礼诚信、团结友善、勤俭自强、敬业奉献"20字公民道德规范融入"两课"教学中，尤其要在教书育人中突出诚实守信教育，做老实人，说老实话，办老实事；以诚相待，信守诺言，说到做到；表里如一，言行一致，忠于职守，真诚到永远。孔子说过："自古皆有死，民无信不立。"诚信是一个人的立身之本、立业之基、做人之道。要在校园里大兴诚信之风，扬诚信之法，建立学生的信用体系，树诚信标兵，彰诚信事迹，立诚信形象。

4. 加强法制宣传教育

法制是做人的最低底线，遵纪守法是做一个合格公民的基本要求。尤其是当前我们正在建设一个创新型国家，制度创新摆在首位，就是要建立一个规则、规范、秩序、法治完备的社会。要通过法制教育，让学生知法、懂法、守法，树立权利义务责任观，提高法律意识和法律素质，使学生做到学法、知法、守法，并学会运用法律武器维护自己的合法权益。

5. 加强素质教育

素质是人的基本品格与内在质量。教育的目的就在于全面提升学生的思想道德素质、知识文化素质、心理精神素质、能力才干素质、身体健康素质。思想政治教育是提高学生素质的主要方面，贯穿于学生学习生涯的全过程。要坚持以学生为本，以素质教育为出发点和归宿，以学生德、智、体、美全面发展为目标，树立远大的目标和志向，有较高的思想境界和良好的道德情操，引导学生既要学会做事又要学会做人，既要增强学识才干又要学会与人相处和与人合作，以锻炼学生自我调适能力，增进身心健康。

二、讲求实效，思想政治教育要做到五个结合

1. 坚持教育与自我教育相结合，即他律与自律相结合

教育的本质是教化，也即人化的过程。教育既要发挥学校思想政治教育的引导作用，又要充分调动学生的积极性、主动性、创造性，要求学生做到自我教育、自我管理、自我服务、自我约束，把思想政治教育内化为自身素质。学生思想政治教育要发挥好学校三支队伍的力量，即党政工干部和共青团干部队伍、思想政治理论教师队伍、辅导员和班主任以及团学干部队伍，起到桥梁和纽带作用。

2. 坚持思想政治理论教育与社会实践相结合

理论教育要说理透彻，逻辑严密，揭示本质，增强理性的力量。力戒空洞说教，反对说漂亮的空话、浮夸的大话、严谨的套话、正确的废话；要生动活泼，充满活力；既要抓好理论教学，又要注重引导学生深入社会、了解社会、服务社会。针对大多数学生对思想政治理论课不够重视的倾向，要多渠道、全方位、形式多样地把思想政治教育融入社会实践中，利用高校社会实践的丰富资源，让学生亲身在社会实践中感悟生命的内涵，理解生活的意义，明确思想政治素质的不可或缺，激发内在需要，获得内生动力。

3. 坚持解决思想问题与解决实际问题相结合

思想政治教育要如涓涓细流去浸润学生的心田，晓之以理，动之以情，帮助他们解决思想上的困惑、迷茫、失落，引导他们处理好学习与成才、择业与交友、健康与生活等问题。在实际工作中，要讲究工作方法，变一味简单强制性的要求为学生积极志愿的主动行为。有时以某种指令性的方式去开展活动，积极响应的学生并不太多，反而以"志愿"形式组织大家参与，参加的学生就很踊跃。所以，工作的方式方法一定要适合青年学生的特征。

4. 坚持教育与管理相结合

思想政治教育要坚持以教育为主，辅之以严格的管理手段。教育重在引导、感化、明理，管理要规范、统一、有序，秉公办事，按照《普通高等学校学生管理规定》以及《高等学校学生行为准则》的标准严格执行，坚持在制度面前人人平等，营造公平、公正、公开的制度环境。

5. 坚持继承优良传统与工作创新相结合

思想政治教育是我党的传家宝，成为凝聚人心、唤起民众、统一思想、步调一致、团结奋进的优良传统。但思想政治教育也要与时俱进，不断注入时代内容，总结新经验，研究新情况，解决新问题，探索新方法，建立新机制，形成新认识，提出新观点，拓展新视野，开辟新道路，进入新境界。要根据当代大学生思想活跃、求新求异、个性张扬、思维敏捷、信息广阔的新特点，创新思想政治教育的新途径、新模式、新方法，寓思想教育于学生的学习生活中，潜移默化，更加贴近学生、贴近生活、贴近实际。

三、突出重点，思想政治教育要抓好六个方面的工作

1. 改进思想政治理论课的教学

把现代教育手段和传统教育手段相结合，系统讲授与专题讲座相结合，原理教学与案例分析相结合，理论教学与实践教学相结合，传道授业解惑教学与主动参与教学相结合，教学形式的多样化与实效性相结合，形成以教师为主导，学生为主体，师生互动的教学模式，增强思想政治理论课的吸引力、感染力和说服力。

2. 大力加强师德建设

教师是人类灵魂的工程师，是学生成长进步的导师，是学生学习效仿的楷模，是为人师表的一面镜子。他们应有较高的思想境界和道德水准，以言传身教去感染学生，严谨治学、一丝不苟、勤奋耕耘、务实求真、严于律己、宽以待人、坚持真理、勇于开拓、清心清正、明德任责、淡泊明志、宁静致远。学校所有课程都负有育人功能，所有教师都负有育人职责。

3. 深入开展社会实践

社会实践要把握三个原则，即受教育，长才干，作贡献；要做到"五个结合"，即与专业、服务社会、勤工助学、择业就业、创新创业相结合。高校要充分发挥社会实践了解社会、

认识自己在社会中的角色、学习社会规范、掌握生存技能的四个功能。只有通过社会实践，锤炼学生政治思想和道德素质，正确处理"德"与"才"的关系，德以才附，才以德领，以德为先，德才兼备，才能成为社会的有用之才。

4. 大力加强校园文化建设

校园文化是育人的软环境，内容丰富，形式多样，其建设重点应突出三个方面：

一是加强校风、教风、学风建设，开展学术、科技、体育、艺术和娱乐活动，让学生在活动中开阔视野，增长知识，培养能力，提高文化品位，达到爱国主义、集体主义、社会公德等教育。

二是加强学校宣传文化阵地的建设与管理，传播先进文化，弘扬主旋律，开启新文明，自觉抵制低俗、媚俗、格调低下、产生负面影响的文化糟粕和垃圾。以科学的理论武装人，以正确的舆论引导人，以高尚的精神塑造人，以优秀的作品感染人。

三是建好学生教育网站，使其具有思想性、知识性、趣味性、服务性等特征。建立一批受学生欢迎的专题网站，完善与学生网上对话交流机制，形成网上思想政治教育强势。

5. 要发挥好学校党团组织和工会的作用

要多管齐下，齐抓共管，把思想政治教育渗透于各组织部门的各项工作中，充分发挥党团组织和工会的思想政治教育的强大力量，常抓不懈，做出实绩。同时，全体教职工都要肩负起育人的责任和义务。

6. 切实发挥好辅导员和班主任的作用

教书育人是全体教职工的共同职责，而辅导员和班主任是核心力量，他们直接面对学生，广泛与学生接触、沟通、联系、协调，是学生们的知心人。选拔好班主任和辅导员很重要,要选有能力、有责任心、踏实、能打开局面、朝气蓬勃、善于与学生交朋友的教师。要求他们忠诚、敬业于自己的工作,遵守职业道德,富有活力和创造性。学校要努力为他们创造良好的工作环境和工作条件,使他们"干事有平台,工作有条件,发展有空间"。

四、以生为本,思想政治教育要落实五个方面的实际问题

1. 做好家庭贫困学生的资助工作

确保家庭贫困学生顺利完成学业,以体现社会公正、教育公平和社会主义制度的优越性。把党和政府的温暖和关怀送给他们,鞭策和激励他们去奋勇攀登科学技术的高峰,在艰苦的磨砺中历练成钢。云南学生的贫困面大,解决好这个问题,事关学校和谐发展,并将产生强烈的社会效应。

2. 做好毕业生就业指导和服务工作,帮助学生成才立业

就业是民生之本,关系到广大毕业生及其家庭的切身利益,关系到高校和社会的稳定。面对严峻的就业形势,帮助学生解决好就业问题是学校的首要大事。随着社会主义市场经济的发展,高等教育的高速发展,社会就业压力的不断增大,在大学生就业指导中强化思想政治教育显得尤为重要。作为高校教育工作者,要充分认识大学生就业指导中思想政治教育的地位和作用,采取积极有效的措施强化大学生就业指导中的思想政治教育,培养广大高校毕业生良好的就业意识,使毕业生树立科学的就业观、择业观,以一个普通劳动者的心态积极参与就业竞争,这必将有利于实现广大毕业生的顺利就业,从而为维护社会的稳定、促进经济的繁荣与发展、构建社会主义和谐社会作出积极贡献。

我校高度重视就业工作,专门设立招生就业处,下设就业

办、未就业办。未就业办专门负责未就业的历届毕业生的就业问题。近年来，通过招收"双定生"，实施"预就业"，实行"全员抓就业"等招生就业改革措施，学校毕业生就业率连续7年在92%以上，形成了"出口畅、就业旺"的工作局面。2009年，学校被教育部评为全国就业工作先进集体。

3. 做好管理和服务工作，满足学生合理的学习生活需求

一切为了学生，一切服务学生。学生是学校的主体，学校的一切工作都是为了培养学生，为他们提供优质的教育产品。要提高管理水平和服务质量，为学生排忧解难，充满人文关怀，爱生如己，帮生之需，解生之危，济生之难，扶生之困，排生之忧。

4. 做好大学生心理健康教育和咨询工作，塑造大学生健全人格

随着社会的急骤变革和竞争环境的加剧，大学生面临着学习、经济、就业、精神、心理、情感诸多压力，由此产生的心理问题明显增多，学校要帮助学生培养良好的心理品质和健全人格。正确对待前进中先进与落后、物质与精神、法治与人治、法治与纪律、光明与阴暗、正义与邪恶、奉献与功利、群体与个体、利他与利己的各种问题，看本质、抓主流，满怀信心向前看。经得起风雨的摔打，百折不挠，意志为钢。胜不骄，败不馁，心智流畅，情感饱满，斗志昂扬。学会宽容、包容、理解别人，与人为善，和睦相处。多谋事、少谋人，和而不同，同而不苟。自尊、自爱、自强、自立、自主、自得，培养健康人格，健全心理素质，把心理平衡稳定在一个较高平台上。学校要针对学生心理健康问题做好工作，把治疗为主转变为防范为主，提高学生的心理调适能力。因为人才的成长不仅要靠智力的开发和知识的传授，更重要的在于培养健全的人格和形成良好的心理素质，知识诚可贵，情商价更高。

5. 抓好德育科研工作

高校要围绕新时期教育工作的新特点、新动向、新内容，开展思想政治教育课题研究。创新理论，超前研究，为实践提供坚实的理论基础。更要重视理论成果的实践应用，务实管用，讲求实效，产生积极的推广应用价值。学校要大力支持教师、科研人员和管理人员申报各个层次的德育科研课题，打造创新团队，强化学科建设，提升学校的整体科研能力，全面开创思想政治教育工作的新局面、新气象、新风貌。

五、结　语

新情况、新问题和新形势的不断涌现，使大学生思想政治工作面临机遇和挑战，只要我们勇于创新和探索，求真务实，强调工作的针对性和实效性，大学生思想政治教育这条道路就会越走越平，越走越宽。

参考文献：

[1] 徐庆伟. 当代大学生价值观认同教育的困境及路径选择 [J]. 江苏高教，2008（06）.

[2] 中国思想政治工作研究会，中宣部思想政治工作研究所. 思想政治工作概论 [M]. 北京：中国人民大学出版社，2007.

（本文发表于《云南民族大学学报》2010年第4期，作者：代祖良）

充分发挥校企合作优势，
拓宽德育工作途径

摘要：高职院校实行校企合作、工学结合的办学模式，在开展德育工作中具有自身的特色和优势，深入开发校企合作中蕴藏的德育资源，建立保障制度，构建"校企合作"德育模式，能进一步拓宽德育工作的途径，增强高职院校德育工作的实效性。

关键词：校企合作　德育工作　拓宽途径

高等职业教育坚持"以就业为导向"的办学方向，实行校企合作、工学结合的办学模式，培养生产、建设、服务、管理一线急需的高素质、高技能人才。高职高专学校德育工作是一个多维、开放的结构，要进一步加强和改进高职高专德育工作，就要善于发挥高职高专学校德育工作的优势和特色，深入发掘德育工作的潜在资源，适应经济社会发展对高素质、高技能人才的要求。在以往的工作中，人们大多关注校企合作中的专业合作、技能训练、实习实训等方面，往往忽视了通过校企合作拓宽德育工作途径。充分发挥校企合作优势，拓宽德育工作途径，有利于将教书育人、技能育人、生产育人、管理育人、服务育人、文化育人、校风育人等多种育人因素有机地协调统一起来，形成强大的教育合力，整体优化德育工作，产生综合教育作用。

一、校企合作德育模式的内涵和要素

1. 内　涵

校企合作德育模式是学校在与企业合作开展实习实训、岗位培训、专业人才培养、产学研合作、工学结合等的同时，将学校和企业两种不同的教育环境和资源有效对接，充分利用好企业的育人资源，实现专业技能和思想道德素质同步提高的教育方式。开展校企德育合作，能进一步构建多渠道、全方位、开放式的德育网络体系，进行校企互动育人，让学生在实践中提高德育素质。

2. 要　素

高职院校通过校企合作开展德育工作的关键是利用好企业的有形资源和无形资源，与企业进行深度紧密合作，拓展和充实合作内涵，找准结合点，实现德育工作的理念创新、内容创新、形式创新、方法创新，让"理实一体化"、"做中学"的专业课程教学模式进一步延伸扩展到德育工作中。具体来说，主要包括以下要素：校企合作运行机制、企业文化、德育实践指导教师、德育实践基地、德育实践考评等。

二、发挥开展德育工作的优势

1. 校企合作为德育工作提供了平台

高职院校与企业紧密合作，依托行业企业办学，利用学校和企业两种不同的教育环境和教育资源，采取校企深度合作、工学结合的办学模式，开展"订单式"培养。学生到企业开展实习实训、顶岗实习、半工半读等，为拓宽校企合作德育模式提供了平台。学生到企业进行顶岗实习或开展实习实训等教学活动时，从学校到企业，从课堂教学到实践锻炼，从教师讲授到师傅"传帮带"，教育环境、教学方式、学习方式等都发生了深刻变化，建立校企合作的德育模式，能深入开发利用其中蕴涵的德育资源，充分发挥企业文化的教育作用。

2. 校企合作蕴藏着丰富的德育资源

在校企合作中，优秀合作企业的企业文化、企业精神、企业经营理念、企业管理思想、企业道德、企业贡献和业绩等都能对学生的成长进步起到潜移默化的熏陶感染，并对校园文化和学校教育起到延伸、深化和补充作用。企业文化的熏陶感染能促使学生体会到做人做事应遵循的规范，到企业进行的实习实训能加强对学生职业道德、意志品质、心理承受能力、合作能力、劳动观念、群众观念、纪律观念、协作观念等的教育；发掘优秀企业家在成人、成才、成功等方面的德育因素并以此来教育学生，能鼓舞、激励学生的成长进步，加强对学生进行职业规划和发展方面的教育；企业和学校共同对学生实习实训中的表现、思想动态等进行及时沟通，及时开展有针对性的教育，共同进行评价，能进一步提升学生的职业综合素养。

3. 校企合作有利于构建"教学做一体化"

德育模式在校企合作中，校企双方根据岗位职责履行情况、岗位适应能力、工作态度、职业道德、劳动纪律、工作能力、创新精神等对实习实训学生的品德和技能进行全面考察，并在工作现场开展有针对性的教育，创新了教书育人、管理育人、服务育人、生产育人、技能育人的内容和形式，凝聚了校企德育工作的合力，逐步形成了全面育人、全员育人、全程育人、全方位育人的新格局，真正形成了多维、开放的"教学做一体化"德育模式和具有创新意义的校企合作德育工作体系，整合了学校、企业、行业协会、教师的德育影响力，把"独唱"转变为"大合唱"甚至是"交响乐"，共同谱写高职院校德育工作的新乐章。

三、依托校企合作拓宽德育工作途径

1. 全面实施"双证书"制度，提升职业素养

高职教育实施"双证书"制度，培养高素质的高技能人才，要求学生既要获得毕业证书，又要通过培训鉴定获得相关专业的职业资格证书。根据国家关于职业资格认证的要求，在职业资格鉴定过程中，除了职业技能鉴定外，学生还要通过职业道德考试。开展校企合作，在职业资格认证的基础上进一步完善德育工作，实现从"理论灌输"到"实践参与"的转变，让学生在实际参与、实践体验中理解和认同道德规范，引导学生在学习、工作、生活实际中确立正确的职业道德观；着力在实习实训过程中充分发挥各教育要素的德育作用，充分挖掘实践参与过程中的德育功能，加强爱岗敬业、刻苦钻研、吃苦耐劳、勇于创新的劳动态度教育，诚实守信、团结合作、艰苦创业的职业品质教育，遵守劳动纪律、严格执行劳动规范、科学规范的行为规范教育，立足基层一线、边疆地区和艰苦行业就业创业、建功立业的职业理想教育。通过校内外相结合、理论灌输到实践参与体验相结合的职业素养教育，不断提升学生的职业素养，塑造良好的职业形象。做到德育和技能共同提高，高技能和高素质共同促进，努力把高职毕业生培养成为先进生产力的直接推动者、先进科学技术的直接转化者、国家财富的直接创造者、精神文明和物质文明建设的直接推动者。

2. 校园文化和企业文化对接，形成德育工作合力

校园文化在高职高专德育工作中发挥着教育导向、示范引领、熏陶感染、激励、娱乐等多种育人功能，对大学生的思想观念、价值取向和行为方式有着潜移默化的影响。企业文化体现着企业领导和职工共同信守的基本信念、价值追求、职业道德和精神风貌，在企业发展中发挥着激励、约束、凝聚、辐射

等功能。在学校和企业两种不同的环境中,两种文化各有其特点,而校企合作需要两种不同文化的对接,共同促进企业和学校的发展,共同提升学生的综合职业素养。通过校企合作,可在校园举办优秀合作企业推介会、优秀企业家报告会、优秀企业捐资助学会、劳动模范报告会、优秀校友报告会等,用优秀的企业文化教育学生立志成才;可在企业开展合作学校推介会、学校科研教研成果鉴定、毕业生论坛、优秀学生报告会等,为创建学习型现代企业营造浓厚的文化氛围;也可通过校企联合开展文体活动、技能竞赛、职业资格鉴定、科技讲座等,共同丰富学校和企业文化。通过学校和企业合作开展丰富多彩的文化活动,能进一步提高学校和企业的文化软实力,在学校和企业两种不同环境中形成既各具特色,又能共荣共生的文化氛围,形成德育合力,共同促进学生的成长进步。

3. 彰显"双师"结构师资队伍的言传身教作用

建设师德高尚、结构合理、技能突出、素质优良的"双师"结构师资队伍是高职院校提高教育质量的重要保障。高职院校的"双师"结构师资队伍中既有学校的老师,又有企业的工程师、技师或高级技师等,他们拥有丰富的企业工作经历和高超的教学水平,既熟悉企业文化,又熟悉高职校园文化;充分发挥"双师"结构教师的双重教育作用,对促进学生提高技能、提升思想道德素质有着重要作用。"双师"结构教师在专业课教学和开展职业技能教育的同时,通过自身与企业的密切联系开展德育讲座、先进人物事迹报告会、企业发展报告会、创业论坛等,并通过自身的言传身教为学生的职业发展作出表率,促进学生形成与企业和社会需求相适应的行为方式、生活方式、工作方式,让学生将远大理想同平凡工作结合起来,促使学生在与现实社会职业环境的融合过程中真正领悟、调整、树立自己做人做事的准则。"双师"结构教师在实习实训中对学生提出专业技能要求的同时，也提出职业道德方面的要求；在对学生进行专业技能训练的过程中，也注重培养学生良好的职业道德品质；在考核学生的专业技能时，也考核学生的职业道德水平，促进学生提高综合素质。

4. 彰显职教特色，建设德育实践基地

建设实习实训基地是高职院校开展校企合作、工学结合、产学研合作的重要保障和直接载体。近年来，各高职院校在专业建设层面加大了实习实训基地的建设力度，形成了一大批特色鲜明、功能完善、设备先进的校内外实习实训基地。在此基础上，高职高专院校可同步充分开发利用现有资源，从德育目标、德育方法、德育影响、德育资源、德育效果等方面做深入研究，制定德育实践基地建设方案；有计划地建设德育实践基地，努力做到产学研与德育工作同步、工学结合与德育工作同步、校企合作与德育工作同步、实习实训与德育同步，充分发挥实习实训基地的最大效益，将德育工作落在实处，最大限度地提升育人质量。

四、校企德育合作的制度保障探讨

校企德育合作要能在实际工作中得到有效开展，关键是要在以下几方面建立制度保障：

1. 学校建立德育系统性工作制度

为保障校企德育合作的顺利实施，学校要建立德育系统性工作制度，将思想政治理论课教师、党政工团学队伍、专业课教师、实践教学管理部门等的工作有机衔接起来，提高认识，更新观念，改变孤立分散的局面，形成德育合力，完善运行机制，统筹协调规划学校德育工作，真正让全员育人、全过程育人、全方位育人在各项工作中得到体现。

2. 在实习实训基地建设方案中融入德育工作内容

为充分发挥实习实训工作的德育作用,学校可以和企业合作,在实习实训基地建设方案中融入德育工作内容,明确企业、学校在专业实习实训与德育工作方面的职责和作用,在专业实习实训工作中做到知识、技能、品德三位一体。

3. 将建设德育实践基地纳入学校人才培养方案

为把建设德育实践基地落到实处,发挥实际效用,可将建设德育实践基地纳入学校人才培养方案中,针对不同专业作出规划,提出要求,提供资金支持,建设师资库,制定考评办法。

4. 将校企德育合作融入企业文化建设规划

学校可通过积极参与企业文化建设、技术创新、员工培训提升、提供人才支撑等方式,与企业建立良好合作关系,积极争取将校企德育合作融入企业文化建设规划中,最大限度地争取到企业的理解和支持。

参考文献:

[1] 姚芬. 高职校企合作模式下德育工作特点探析 [J]. 黄河水利职业技术学院学报, 2009 (02).

[2] 沈春光. 浅谈新时期高职院校德育机制创新 [J]. 教育与职业, 2006 (23).

[3] 方湖柳, 竺辉. 校企合作与职业院校德育社会化探讨 [J]. 浙江纺织服装职业技术学院学报, 2008 (04).

(本文发表于《天津职业大学学报》2009 年第 6 期, 作者: 杨国富、代祖良、李耀平)

影响高职院校"五育人"工作因素的调查研究

摘要：通过定量研究，分析影响高职院校"五育人"工作的因素，并找出其中主要的和相对次要的因素，结合这些因素分析目前高职院校"五育人"状况和存在问题的原因，提出改进的建议。

关键词：高职院校 "五育人" 影响因素

一、前 言

胡锦涛总书记在党的十七大报告中指出："要全面贯彻党的教育方针，坚持育人为本、德育为先，实施素质教育，提高教育现代化水平，培养德智体美全面发展的社会主义事业接班人，办好人民满意的教育。"高职院校是我国高等教育的重要组成部分，肩负着培养拥护党的基本路线，适应生产、建设、管理、服务第一线需要的，德、智、体、美等方面全面发展的高等技术应用性专门人才的责任。高职院校全体教职工都负有对大学生进行思想教育的重要职责，如何把育人工作融进学校工作的各个方面，是广大教育工作者不断探索的重要课题。本文通过对云南省三家高职院校管理者、教师、行政工作人员和学生进行问卷调查，然后采用SPSS11.5统计软件对调查结果进行分析，从中得出目前高职院校育人工作的现状，并从多项指标中找出影响高职院校育人的主要因素，从而使教职工在工作中重视主要因素,提高育人的效果,为社会培养更多更好的高技能专门人才。

二、高职院校"五育人"的内涵

"五育人"是教书育人、管理育人、服务育人、活动育人和环境育人的简称,指学校的一切工作都必须以育人为中心。这是一种整体教育观,几乎涵盖了学校的全部工作。这就昭示着学校的一切工作都是为了培养人、教育人,都是为学生的健康成长服务的。其工作着重点是学生的思想道德教育,不断提高学生的爱国主义、集体主义、社会主义思想。这是"五育人"工作的灵魂。

三、研究影响高职院校育人因素的意义

高职教育的培养目标要求我们不仅要向学生传授专业理论知识和职业操作技能,充分开发学生的智能,还要利用各个与学生接触的教学环节,例如课堂、实习实训等,培养学生人格和意志品质,引导学生走正确的、健康的成长道路。在教学环节,主要通过教师进行教书育人。

人的素质,通常包括思想道德素质、文化素质、业务素质和身体心理素质。这四个方面相互依存,缺一不可。学校的教职工由于所处的岗位不同,对学生思想道德素质的提高承担各自的育人职责,不能相互替代。所以,育人是全方位、全员性的工作,需要大家共同重视,共同参与。

四、影响高职院校育人工作因素的调查与分析

"五育人"中,教书育人处于重要地位,故影响教书育人工作因素的研究已单独进行,本研究主要从管理育人、服务育人、活动育人和环境育人四个方面进行分析与研究。

1. 调查表的设计

经过文献搜索和对高职院校教学管理者、教师、行政工作人员和学生的访谈,将高职院校"育人"的概念进行可操作化处理。本调查列举了59项影响高职院校管理育人、服务育人、活动育人和环境育人工作的因素(见表1),并制作成问卷调查表,采用李斯特问答的方式(回答问题采用"完全不同意"、"不同意"、"保持中立"、"同意"、"完全同意")。调查表第一部分还收集了回答者的基本信息和对高职院校相关问题的认识(见表2、表3和表4)。

表1 问卷调查表

指标编号	指标内容	指标编号	指标内容
1	学校坚持党的教育方针,遵守国家法令法规	31	学校为学生就业提供帮助
2	学校严格执行上级教育主管部门的有关政策	32	学校安排班主任、辅导员参与学生服务工作
3	学校制定了有关学生管理的各种制度	33	班主任和辅导员专业素质高、专业技能高
4	学校依据学生管理的相关政策进行奖励和惩处	34	班主任和辅导员思想素质好、沟通能力强
5	学校通过各种管理手段,提高教师的教学水平	35	班主任和辅导员多才多艺,积极组织文艺和体育活动
6	学校通过各种办法,提高职工的服务水平	36	学校的教职工关心和爱护学生
7	学校能通过管理,及时发现教学活动中存在的任何问题,并及时进行处理	37	学校关心贫困学生,并为他们创造勤工助学机会
8	学校进行广泛的人才需求调查,制订的人才培养方案能培养出具有良好职业道德与能力的学生	38	学生服务部门的教职工服务态度好

续 表

指标编号	指标内容	指标编号	指标内容
9	学校制订严密的教学管理工作流程,并遵照执行,出现问题及时纠正	39	学生服务部门的职工职称水平高,学历高
10	对教学进行全面质量管理,特别是教学过程的监控	40	学生服务部门的职工数量多
11	严格处理影响教学质量和教学管理规定的相关工作人员	41	学校能为学生就业提供优质服务
12	对学生的评奖评优客观、公正	42	学校能为大学生排解思想出现的难题
13	对教师教学效果的评价客观公正并与绩效挂钩	43	学生信任和依靠班主任和辅导员
14	实训室、机房或多媒体教室管理规范,使用率高	44	学校有优良的校风和光荣的传统
15	对学生制定了严格的考勤制度,并认真执行	45	学校教师有良好的教学风气
16	对学生宿舍进行严格管理,登记进出的探视人员	46	学校学生有良好的学习风气
17	对食堂的食品质量、卫生、数量及价格进行管理	47	学校办学历史长
18	学校开展丰富多彩的教学活动	48	学校形成了健康的、积极向上的校园文化氛围
19	学校开展丰富多彩的社会实践活动	49	学校有新建的教学大楼、体育馆等良好的设施
20	学校开展丰富多彩的文艺、体育活动	50	学校校园面积非常大
21	学生开展各种团学活动,如公益活动	51	学校校园绿化率高,有树、花和草、景观小品等
22	学生参加勤工助学活动	52	学校的食堂干净、卫生、整洁

续 表

指标编号	指标内容	指标编号	指标内容
23	学生参加职业资格证书的培训与考试活动	53	学生与教师、学生与学生、教师与教师友好交往
24	学校结合学生情况经常开展学术活动、科技创新活动	54	学校教学设施设备齐全、能满足教学全部要求
25	学生参加活动的积极性高	55	学校校园地理位置优越,交通方便
26	学校把为学生服务当做每位职工的重要职责	56	学校图书室馆里图书数量和门类多
27	学校领导重视学生服务工作	57	学校周边环境好
28	学校成立为学生服务的各种机构,并明确职责	58	学生宿舍整洁、过道干净
29	学生服务工作成为学校的重要工作之一	59	教室干净、桌椅统一、光线好、通风好
30	学校为学生申请助学贷款提供帮助		

2. 调查表的发放与回收

将调查表向云南省三所高职院校的管理者、教师、行政工作人员和学生随机发 650 份,收回调查表 605 份,其中有效调查表 586 份,19 份为无效调查表,从中剔除。收回的 586 份有效调查表中,管理者样本为 69 份,占总样本的 11.8%;教师样本为 151 份,占总样本的 25.8%;行政工作人员样本为 22 份,占总样本的 3.8%;学生样本为 344 份,占总样本的 58.7%。

3. 对被调查研究对象的分析

（1）调查表信息整理。

将合格调查表进行基本信息整理，得出表2、表3和表4。

表2　高职院校不同关系人对有关问题的看法分析

调查对象 被调查问题	管理者		教师		行政人员		学生	
	平均得分	标准差	平均得分	标准差	平均得分	标准差	平均得分	标准差
您认为能否通过提高管理水平来培养学生？	1.36	.685	1.35	.675	1.36	.790	1.52	.829
您认为能否通过提高教职工的服务水平来培养学生？	1.30	.671	1.53	.831	1.45	.858	1.48	.812
您认为能否通过开展丰富的教学活动和课外活动来培养学生？	1.28	.639	1.22	.576	1.18	.588	1.22	.592
您认为能否通过美化校园环境来培养学生？	1.49	.779	1.55	.754	1.59	1.008	1.68	.895

表3　调查者对学校最满意的方面

内容	学校管理制度	学校优美的环境	校园文化	学校开展的活动	教师提供的教学服务	职工提供的学生服务
人数	79	106	143	147	85	26
比率	13.5%	18.1%	24.4%	25.1%	14.5%	4.4%

表4　调查者对学校最担心的方面

内容	学生缺课	教师的工作积极性	学校管理制度的科学性	学生活动的经费来源	学校的软环境建设
人数	77	122	212	71	104
比率	13.1%	20.8%	36.2%	12.1%	17.8%

(2) 对调查表信息的分析。

通过分析表2，对比管理者、教师、行政工作人员和学生的调查结果，可以了解目前高职院校育人的基本情况。

①被调查者大部分都认为学校可以通过提高管理水平来培养学生，管理者、教师和行政管理人员的得分几乎相等，而学生的得分稍高，说明学生对管理育人的认识低于学校的教职工。

②被调查者大部分都认为可以通过提高学校教职工的服务水平来培养学生，其中管理者认同度最高，说明管理者更看重服务育人在高职院校中的作用。

③被调查者大部分都认为可以通过开展丰富多彩的教学活动和课外活动来培养学生，而且大家的认同度都较高，分值是所有问题中最接近1的。

④被调查者大部分都认为可以通过美化校园环境来培养学生，其中管理者的分值为1.49，认同度高于教师、行政工作人员和学生，而学生的认同度最低。

通过分析表3、表4可看出，大多数调查者最满意的是学校的校园文化和学校开展的活动，最为担心的是学校管理制度的科学性。

本次调查结果表明，无论是学校管理者、教师、行政工作人员和学生都一致认为可以通过加强管理、增强服务、开展活动和美化环境来达到育人的目的。但影响的因素哪一些是主要的呢？我们进一步进行以下研究。

4. 问卷调查表中指标的项目分析

对原始数据进行项目分析的目的是检验问卷调查表中所设计的59项指标是否能准确地测量被调查者对所问问题的客观看法，删除没有达到显著水平的指标项。首先对各问卷进行分组，分别为高分组和低分组，分组的依据是各调查样本在所有指标上所得到的总分，从低分到高分，选取前30%样本作为低分组，总分从高到低，选取前30%作为高分组，然后采用独立样本T‑test检验高分组和低分组在每一个指标项上的差异，置信水平为95%。独立样本T‑test检验的结果表明，调查问卷表中所使用的指标项之间具有明显的差异，能准确地测量被调查对象对指标所反映的信息。

5. 因子分析

调查表设计了59项影响因素，虽然每个指标都有效，但我们若能找出影响大的因素和影响相对较小的因素，就能进行分析总结，抓住主要的方面进行改进，达到事半功倍的效果。

对问卷调查表回收的数据经过三次因子分析，在因子分析过程中主要采用主成分因子分析的方法和最大正交旋转法，经过方差最大正交旋转后得到因子载荷矩阵。

在因子分析过程中删除的指标项为5、6、7、8、9、11、12、13、14、17、22、23、24、25、26、32、33、34、35、37、38、39、42、43、44、45、55、57、58，共29项，所以，59个指标中只剩余30个指标，将其分析得到4个因子及其负荷量（见表5）。同时，它们也是目前评价影响高职院校管理育人、服务育人、活动育人和环境育人工作的四个重要方面。

表5 影响高职院校管理育人、服务育人、活动育人和环境育人工作的因子摘要表

指 标	解释偏差量	累积解释偏差量	抽取的因子			
			1	2	3	4
学校校园绿化率高,有树、花和草、景观小品等	26.141	26.141	0.788			
学校能为学生就业提供优质服务			0.725	0.145		-0.146
学校形成了健康的、积极向上的校园文化氛围			0.711	0.113	0.175	
学生服务部门的职工数量多			0.672		0.16	
学校图书室馆里图书数量和门类多			0.659			0.247
学校校园面积非常大			0.618	0.113	-0.107	0.359
学校的食堂干净、卫生、整洁			0.603			0.364
学校的教职工关心和爱护学生			0.563	0.295	0.131	
学生服务工作成为学校的重要工作之一	9.977	36.118		0.647	0.195	
学生开展各种团学活动,如公益活动			0.213	0.646		0.234
学校领导重视学生服务工作				0.628	0.209	0.128
学校为学生申请助学贷款提供帮助			0.123	0.621	0.185	
学校为学生就业提供帮助				0.582	0.113	0.17
学校开展丰富多彩的社会实践活动				0.576	0.117	0.334
学校开展丰富多彩的文艺、体育活动			0.237	0.564		0.292
学校开展丰富多彩的教学活动			0.147	0.563	0.193	0.277
学校成立为学生服务的各种机构,并明确职责			0.102	0.516	0.184	

续 表

指 标	解释偏差量	累积解释偏差量	抽取的因子			
			1	2	3	4
学校严格执行上级主管部门的有关政策	5.709	41.827		0.246	0.665	0.172
学校坚持党的教育方针，遵守国家法令法规				0.139	0.662	0.2
对学生制定了严格的考勤制度，并认真执行			0.212		0.645	0.12
学校制定了有关学生管理的各种制度			0.254		0.592	0.211
学校依据学生管理的相关政策进行奖励和惩处				0.25	0.587	0.262
对学生宿舍进行严格管理，登记进出的探视人员			0.295		0.579	0.108
对教学进行全面质量管理，特别是教学过程的监控			0.161	0.193	0.539	
学生与教师、学生与学生、教师与教师友好交往	5.078	46.904		0.159		0.657
学校有新建的教学大楼、体育馆等良好的设施			0.145	0.105	0.196	0.626
学校办学历史长				0.16	0.26	0.572
学校学生有良好的学习风气				0.175	0.361	0.551
学校教学设施设备齐全、能满足教学全部要求			0.101	0.266	0.124	0.543
教室干净、桌椅统一、光线好、通风好			0.334	0.217	0.161	0.516

注：表中特征值小于 0.10 的因子未被显示。

6. 因子命名

根据每个因子包含的指标的意义,我们分别给每个因子进行命名,如表6所示。

表6 因子命名表

因 子	1	2	3
因子名	校园环境	学生服务与校园活动	学校管理制度

(1) 校园环境。

指学校的办学条件和校园氛围。这一维度是影响育人工作最主要的因素,它包含8个指标。指标所表示的含义包括两个方面:一是校园物质环境,如校容校貌、图书馆藏书、绿化美化程度等;二是校园精神文化,如以生为本的价值观,这是校园文化的核心。优秀的校园文化会陶冶学生的情操,使他们自觉不自觉地融入其中,形成正确的价值取向。

(2) 学生服务与校园活动。

指学校成立相关学生服务机构,围绕学生开展的系列教学、团学、助贷、社会实践和就业服务活动等。这一维度是影响育人工作比较重要的因素,它包含9个指标。指标所表示的含义包括两个方面:一是要重视学生服务工作,建立健全相应的机构,明确学生服务的工作职责,将学生服务当做学校的重要工作;二是学校围绕为学生服务开展一系列的活动,帮助学生解决生活中的问题,接触社会、认识社会和陶冶情操。

(3) 学校管理制度。

学校管理制度是通过规章制度等外在力量的约束,去规范学生的行为。这一维度是影响育人工作相对重要的因素,它包含8个指标。学校要认真贯彻党的教育方针,科学制定学校教学管理、学生管理的规章制度。

(4)学风与教学设施。

指学校学生学习的风气和学校的教学硬件设施。这一维度包括6个指标,指标所表示的含义包括两个方面:一是和谐的师生关系和良好的学风;二是学校悠久的办学历史和相应的教学设施设备。

通过表5因子分别解释变量的比率,以及各个因子的特征值,可以分析得出校园环境、学生服务与校园活动、管理制度、学风与教学设施等评价指标对高职院校育人工作有影响。目前的四个影响因子中校园环境最大,其次是学生服务与学生活动。这是我们最应重视的两个维度。从学生满意评价来看,调查的三所高职院校在这两方面得分是最多的。

四、关于高职院校教书育人工作的讨论

从以上定量分析,我们可以看出以下几点:

(1)校园文化具有重要的育人功能。校园文化和德育教育在育人上是一致的,二者相互渗透,相互包容,以不同形式达到相同目的。优秀的校园文化本身就是潜在的教育力量,影响着校园中全部人员的思想,使他们形成良好牢固的道德观念、崇高的思想品质和积极向上的人格精神。

(2)丰富多彩的课内课外活动是育人的重要载体。社会实践是大学生思想政治教育的重要环节,通过了解社会、了解国情,培养他们的责任感与使命感。各种文体活动可以锻炼学生的体魄、增强学生的修养,并培养他们团结协作的精神。

(3)耐心细致的学生服务可取得学生信赖。思想问题源于生活问题,通过尽心尽力的学生服务,能获得学生的信任与依赖。将解决学生思想问题与实际生活问题结合起来,为学生成长创造良好的条件。

(4)科学的管理制度是育人工作的保障。管理是一种手

段,同时管理是一门艺术。管理作为教育人、培养人的艺术,应从单纯的"刚性"管理到"柔性"引导。管理应以人为本,既要科学,又要规范。

五、关于高职院校做好管理育人、服务育人、活动育人和环境育人工作的建议

1. 学校应构建环境育人机制,建设积极向上的校园文化

加强对校园文化建设的领导,由负责学校思想政治教育的部门对校园文化进行统筹安排。通过学术研究,提高对校园文化多元化的认识与了解,从而有目标性、有针对性地开展校风、教风和学风建设,以各种活动,包括学术、科技、体育、艺术等活动为载体,弘扬主旋律,大力宣传高职院校思想政治教育有先进典型和优秀大学生的事迹。

学校还应加强对实训实验设备的投入,以增加学校图书的品种与数量等措施来改善办学的硬件环境;还应美化校园环境,包括教室、宿舍和各种课外活动场所等。

2. 学校应构建管理育人机制,以生为本,实现学生管理的科学化

学校要坚持党的教育方针,遵守各种相关的法令与法规,结合学校的实际,制定科学的学生管理措施,如学生学籍管理、学生出勤管理,并严格执行。除上述刚性的措施外,还要进行正确的柔性引导。例如采用各种措施激励学生,最大限度地调动学生的积极性、主动性和创造性。

学校要加强对教师教育教学质量的监控,以提高教学质量来激发学生学习兴趣和增强学习效果。

3. 构建服务机制,为学生学习、生活和就业提供好的条件

(1) 建立健全高职学生就业指导和服务体系,及时向学

生发布就业信息和组织校园招聘会,并对学生进行就业指导,使他们建立正确的择业观。

(2)加强与企业合作,按各专业就业工作岗位进行工作任务分析,以职业能力要求为主线构建课程体系与课程内容,从而培养能满足社会需要、具有较强实践能力的学生,为学生就业打下坚实的基础。只有如此,学生才能得到社会的认可,提高就业的质量,从而将为学生就业提供服务落实到实处。

(3)建立学校各部门为学生服务的工作职责,切实将"以生为本"的理念贯穿我们的每一个工作细节。

六、结 语

以上研究表明,高职院校的管理、服务、活动和环境都是影响育人工作的主要方面,其中校园环境、服务与活动的影响最大。只要重视这些影响因素,有针对性地提出措施与办法,就能提高高职院校教书育人的成效。

参考文献:

[1] 余建英,何旭宏. 数据统计分析与 SPSS 应用 [M]. 北京: 人民邮电出版社,2003.

[2] 汪凤涛. 高校"全方位育人机制的建立"[J]. 新东风新领导,2006(03).

[3] 张立华. 新时期校园文化在高校德育中的作用 [J]. 山西高等学校社会科学学报,2008(06).

(本文发表于《昆明冶金高等专科学校学报》2009年第2期,作者:代祖良)

论因材施教与高等职业教育

摘要：因材施教是教育的规律和原则，高等职业教育因其生源结构和毕业生岗位需求的多样性，更应重视因材施教；高等职业教育院校只有采取灵活多样、适用的教学改革措施，实施因材施教，才能办出特色，提高教育质量。

关键词：高等职业教育　因材施教　教育质量

改革开放以来，特别是近年来，我国高等教育取得了持续快速的发展，已进入世界公认的大众化教育阶段，这可从教育部公布的中国高等教育发展统计数据中看出：

年份	当年招生人数（万人）	同比增长人数（万人）	同比增长率（%）	高等教育毛入学率（%）
2003	382.17	61.67	19.24	17
2004	447.34	65.17	21	19
2005	504.46	57.12	12.72	21

注：2006年中国高等教育毛入学率达到了24%。

在我国高等教育中，高等职业教育已占半壁江山。2005年，全国共有本科院校701所，高等职业教育院校1 091所，在1 561.78万名高校在校生中，高职和专科层次学生占一半。以上数据说明我国高等职业教育随着高等教育的发展而迅速发展，这是可喜可贺的。但我们也要看到，在规模迅速扩大的同时，高等职业教育出现了新的问题和隐忧，主要表现在不少高等职业教育院校教育特色不鲜明、教学质量差。这些问题致使不少学校招生困难、报到率低，毕业生就业率不高。因此，高等职业教育要实现持续、快速、健康地发展，就必须研究高等职业教育的规律，采取切实有效的措施，针对高等职业教育的特点进行教育改革，其中，最重要的一个方面就是高等职业教育院校要结合毕业生岗位需求和学生生源多样性的特点，实施好因材施教。

一、高等职业教育因材施教的必要性

1. 高等职业教育本身是一种因材施教的教育

众所周知，与本科和研究生教育强调专业知识的系统完整，旨在培养学术型、工程型人才不同，高等职业教育注重培养技能型人才，强调学生既有必要的基础理论，又有较强的实践动手能力。高等职业教育是培养高等技术应用型人才的教育，它本身就是根据经济社会发展对高等技术应用型人才的迫切需求和人们认知的特点而实施的一类教育。因此，高等职业教育的生源有别于其他类别教育，正如教育部高教司张尧学司长指出的一样："高职院校的学生是一批热心工程技术、热心一技之长，拥有技能，愿意以自己的一技之长来回报社会的人。"对于这类人才，应该采用特殊的人才培养模式。我国开办高等职业教育以来，不少院校积极创新，探索各种人才培养模式，走出了一条具有中国特色的高等职业教育道路。

高等职业教育是因材施教的一类教育，不应误认为是某一层次的教育，因此高等职业教育应该可以提升到更高的层次。如天津师范职业技术学院近年来不仅开设了技能型本科教育，不久前还培养出了首批技师型硕士，深受社会欢迎。德国的双元制教育非常重视学生实践动手能力的培养，技能型人才培养与学科型人才培养齐头并进（也可实行交叉），为社会培养了一大批实用型的科学家、发明家和能工巧匠，推动了以制造业为代表的国家振兴，从一个侧面反映了因材施教的成果。

2. 因材施教是各类教育的普遍规律

高等职业教育必须遵循教育的普遍规律——因材施教。因材施教是指从学生的实际出发，考虑学生的个性特点和个体差异，给予相应的，不同深度、广度的教育，从而使每个学生的才能、品行都得到发展，扬长避短，提高教育质量。因材施教的思想是古今中外都非常推崇的一个教育原则，早在2 500多年前，中国就提出了因材施教的教育思想，并予以实施。孔子针对弟子较多，每个人智力、习惯各不相同的特点进行了不同形式的教育。孔子对每个弟子的个性、长处和短处都进行了深入了解，他指出：高柴愚笨、曾参迟钝、子张偏激、子路鲁莽、子渊好学、子贡通达、冉有多才多艺……他针对学生不同的特点因材施教，在进行具体教育时有所侧重。宋代大思想家、教育家朱熹在批注《论语》时指出："孔子教人，因人施教。"这就是"因材施教"的来源。近代教育家蔡元培、陶行知也大力推行因材施教，并取得了令人瞩目的成就。

3. 高等职业教育生源结构的多样性

随着我国教育发展和改革的不断深入，教育的各种层次和门类增多。就高等职业教育而言，生源结构逐渐呈现多样化趋势，改变了过去仅从中考和高考学生中招生的情况，开始从"三校生"（中专、技校、职高毕业生）中招收新生、从中考学生中招收"五年制"专科生、招收少数民族预科生等新情况。这些招生制度的实施，是我国教育为经济社会服务的必然要求，而且比例在日趋加大。但同时，高等职业教育院校生源多样化带来的特点也日趋显现：学生的文化基础知识、专业知识技能、社会心理素质等参差不齐，因此，高等职业教育应针对各类学生的特点实施因材施教。

4. 高等职业教育毕业生岗位需求的多样性

以就业为导向，以服务为宗旨，是高等职业教育的方针，学校的人才培养方案应该针对职业技能岗位的需求而制订。但现实中社会的岗位需求是纷繁复杂、多种多样的，除了少数用工量大的岗位可实行订单式培养外，高等职业教育院校开设的现有专业无法囊括所有岗位。即使相同专业的学生面对不同岗位时，岗位知识、素质、技能要求也是不同的，同时，学生所具有的兴趣、爱好、能力也是不同的，因此对学生的培养应具有一定的针对性，要根据学生个性进行必要的引导和教育。

二、高等职业教育实施因材施教的可行性

高等职业教育应该根据人才培养目标和受教育学生的不同特点因材施教，这是毋庸置疑的，而且高等职业教育在实践过程中实施因材施教也是完全可以做到的。

1. 高等职业教育因材施教要注重教学方案的灵活性

高等职业教育人才培养方案要紧贴经济社会发展对人才的需求，这是前提，但同时也应该看到，即使是对同一专业的学生，面对不同的岗位需求，侧重点也是不同的，甚至是有较大差异的；学生的特点和个性不能用统一的模式来培养，不能"按履削脚"。人才培养的目标应该有一定的弹性，不但不同专业应这样，相同专业也应针对不同类别的学生有所区别。如英语教育，高中毕业后的学生和"三校生"的基础有明显差距，即使高中毕业后的学生之间也有较大差距，如果把英语基础参差不齐的学生按招生时的自然班进行授课，教师则很难掌握基础不同的各类学生的学习进展，教学效果肯定不好。因此，对英语基础不同的学生应有不同的教学要求，让基础较差的同学能达到基本教学要求，而基础好的学生学得更好。为此，可采用分散原自然班、组建新教学班的方法进行分级教

学。也就是说，专业人才培养方案对学生除共同的基本要求外，应该有适应学生个性发展的空间。除分级教学外，还可以通过学生辅修第二专业，开设选修课，实行学分制和弹性学制等方式，让学生有时间、有条件、有可能地根据自己的特点得到相对自由和全面的发展。

2. 高等职业教育因材施教要注重教学内容的适用性

培养既有必要的基础理论又有较强实践动手能力的高技能人才是高等职业教育的主要特征和教育目标。双证书制（既有毕业证书又有相关专业资格证书）是这种人才培养的一种模式，学生通过学习掌握了相关专业必需的基础理论，又通过培训鉴定具备了相关专业的岗位技能，这就是社会亟须的实用型人才。要培养这样的人才，高等职业教育院校教学内容要有针对性，不应强调理论知识的系统完整，而应注重理论的实际运用，为此要围绕职业资格的需要制定具有特点的教学大纲，采用或编写相应的教材，而不是简单地对本科教材进行删减；实践教学要注重学生实际动手能力的提高和创新思维的培养，而不是重复几百年，甚至上千年已被无数次验证过的实验。

3. 高等职业教育因材施教要注重教育方式的多样性

理论教学和实践教学有机结合是人才培养的有效途径。只有这样，才能提高教学效率和人才培养质量，应改变理论教学和实践教学在时间和空间上分离的状况，尽可能创造条件，结合实际，使两者融合在一起。如在生产现场结合实物、流程开展教学，这样做直观易懂、生动活泼，学生喜闻乐见。也可采用工学交替等多种形式让学生边学习、边观察、边思考，融会贯通，加深对理论知识的理解，同时提高实践动手能力。结合以就业为导向的方针，对高年级的学生还可实行订单式培养、顶岗实习、预就业实习等措施，使高等职业教育方式灵活多样。

4. 昆明冶金高等专科学校因材施教取得成效

1999年高校扩招以来，昆明冶金高等专科学校和全国其他高等职业教育学校一样呈现出生源结构的多样化，学生的学习基础、个性、特点差别明显。针对这些变化，学校更加重视和坚持因材施教的原则，采取不同类别学生排班、分级教学、学分制、弹性学制（2~5年）、预就业实习等一系列教学改革措施，充分调动了学生的积极性和主动性，使他们的潜能和特长得到较大的发挥，全面提高了教学质量。如从2001年起，全校实行英语、数学的分级教学，不同班级学生在测验基础上根据成绩重新编班，组织了三个层次的教学班级进行教学，使不同基础的学生各得其所，收到了很好的效果。学校参加全国数学建模比赛，成绩居全省同类学校前列；参加CCTV全国大学生英语大赛，作为工科类学校，成绩却超过了外语类、文科类学校学生，2005、2006年连续获得全省专科类个人第一名；学校学生参加全国发明协会举办的首届全国高职高专发明杯创新大赛获得团体总分第一的好成绩。学生知识、素质、能力的普遍提高和个人特长的充分发挥，使学校毕业生深受社会好评，不但在省内就业受到青睐，而且国内诸多知名企业，如上海宝钢、江西铜业等企业都到校招聘了大批毕业生，有的学生还成功地到东盟国家就业。几年来，学校毕业生就业率均超过90%，近两年更是超过了95%。学校在全国高等职业教育方面赢得了较高声誉，先后荣获教育部、财政部重点支持国家示范院校，全国首批评估八所之一的全国高等职业教育优秀院校，全国职业教育先进单位等桂冠。学校踏上了持续、健康、快速发展的大道。

三、结　语

因材施教是中外教育家普遍推崇的教育规律，高等职业教育作为教育中的一类，不但应该遵循这一原则，而且因为高等职业教育比其他类别教育具有生源结构多样性和毕业生就业岗位的多样性等特点，所以高等职业教育更应该且必须搞好因材施教。高等职业教育院校只有针对学生的实际和毕业生岗位需求，遵循因材施教原则，采取切实可行的措施，进行教学方案、教学内容、教学方式的改革，高等职业教育才能办出特色，提高教学质量。

参考文献：

中国高等教育发展统计 2003、2004、2005 年报.

（本文发表于《湖南冶金职业技术学院学报》2007 年第 2 期，作者：谭红翔）

构建高职高专院校全方位育人机制

摘要：本文简要分析了高职高专院校当前存在学生思想政治教育工作薄弱的原因，提出高职高专院校如何坚持育人为本、德育为先的教育理念，围绕育人目标构建管理育人、教书育人、服务育人、活动育人、环境育人的整套有效机制，从而实现学校全员、全过程、全方位育人，以改进和加强高职高专院校的学生思想政治教育工作。

关键词：高职高专院校　学生　思想政治　教育

一、导　言

随着我国经济社会持续、快速、健康的发展对人才需求的增长，我国高职高专教育呈现快速增长的势头。10年来，高职高专院校全日制毕业生累计已超过800万人，目前在校学生接近800万人。高职高专院校培养了大批高素质、技能型专门人才，为经济和社会发展，实现高等教育的"大众化"作出了积极的贡献。但应该看到，高职高专院校在学校数量和办学规模迅速扩张的同时，高职高专教育也显现出一些突出的问题，其中最主要的就是不少院校人才培养的质量不高甚至下降，特别是由于学校学生思想政治教育工作的薄弱和淡化而导致的部分学生理想信念淡漠、道德品质下滑、行为不规范、学习不努力、学生群体事件和伤害事件频发等突出问题。这些问题严重影响高职高专教育的健康发展，已引起党中央的高度重视,胡锦涛总书记主持中央政治局会议专门研究了如何加强和改进大学生思想教育工作,为此中央下发了 16 号文件。当前,加强和改进高职高专院校思想政治教育工作,就是要以中央的精神为指导,分析存在的问题,结合实际,采取切实可行的措施并予以落实。

二、高职高专院校学生思想政治教育工作薄弱的原因分析

高职高专院校学生思想政治教育工作薄弱源于社会发展变化的大背景和高职高专院校内部工作的缺位,也就是主客观原因所致。

1. 高职高专院校认识缺位

几年来,举办高职高专教育的学校数量和办学规模迅速扩大,大多数院校领导或忙于学校扩张后因校园面积不足问题而大力筹措经费建校园、盖大楼;或忙于探索高职高专人才培养教学内容和教学方式的改革,淡化了学生思想政治教育工作的地位和作用,育人为本的思想在学校实际工作中没有得到落实。在许多院校,学生思想政治教育工作并未形成全校各级领导、各部门的共识和合力,只是某位分管校领导(通常是学校副书记)、学生处、系党总支,班主任一条线孤军奋战、单打独斗,这就导致许多学生思想政治教育工作力有未逮,自然不能取得好的效果。

2. 教书与育人的脱节

由于不少高职高专院校对育人为本思想的认识缺位,对教师无明确的教书育人的要求与约束,加之大多数高职高专院校教师队伍偏缺,因此不少教师在传授知识和技能的同时,不注重或无精力对学生进行思想政治教育。有的教师只管准时到教室上课,不关注教学的效果和学生的出勤,导致学生缺课多。

这个问题明显存在于不少高职高专院校,严重影响了教学秩序。

3. 教育管理松懈

不少高职高专院校忙于发展,忽视教育的严格管理和要求。对学生道德品质、行为习惯、学习态度没有严格的规章制度或制度执行不力。如对旷课已久的学生未及时做出相应的处分,少数学生自由涣散,影响教学秩序和教学质量。

4. 班主任工作不到位

虽然高职高专院校大多为每个学生班级配备了兼职班主任,但一方面担任班主任的大部分教师是青年教师,缺少学生思想政治教育工作的经验,另一方面不少班主任由于待遇不高或责任心不强,工作积极性不高,缺乏对学生的了解沟通和帮助指导。

5. 校园文化建设薄弱

不少高职高专院校缺少培养学生勤奋努力、积极向上的育人氛围,有的学校甚至缺少必要的体育、娱乐、文化活动设施,以至于学生课余活动单调,因此学生只有进入校园周边的网吧等不良场所进行娱乐。

6. 学生学习动力不足

一方面是学校课程设置、教学内容和教育方式、手段单一,未结合学生的实际需要和接受的可能,不受学生欢迎,如对"三校生"和高中毕业后学生未因材施教。另一方面是由于扩招和高职高专院校生源多样化,致使生源质量下降,少数学生进入高职高专院校学习前已沾染了不良习气,如旷课、酗酒、打架等。

8. 整个社会环境的影响

改革开放以来,各种思想观念、道德价值、文化形态通过各种渠道涌入我国,与学校的传统教育形成激烈震荡。若学校教师引导不力，学生思想行为就易误入歧途。另外，不少高职高专院校校园周边环境秩序治理不力，严重干扰学生身心健康的正常发展。

三、构建高职高专院校全方位育人机制，加强和改进学生思想政治教育工作

高职高专院校学生思想政治教育工作出现问题的原因是多方面的，有学校自身的原因，有社会大气候的影响。就学校内部而言，学生思想政治教育工作薄弱、效果不佳的主要原因是：这项工作没有引起全校各级、各部门、全体教职员工的重视，没有形成围绕育人为本、德育为先的办学氛围。因此，高职高专院校必须加强和改进学生思想政治教育工作，必须转变观念，各方面工作应围绕中心建立相应的育人机制，形成学校上下、各方面学生思想政治教育工作的合力和网络，把育人融于学校工作的各个方面，贯穿于教学的各个环节，努力形成学校全员育人、全程育人、全方位育人的良好局面。

1. 构建管理育人的机制

"学校教育，育人为本；德智体美，德育为先。"高职高专院校应该牢固树立这样的办学理念，学校一切工作要服从和服务于育人这个根本，学校管理更应突出育人的作用。教育部周济部长 2006 年 11 月 13 日在国家示范性高职院校建设计划视频会议的讲话中强调："一流的学校应该有一流的管理，示范院校要在管理上为全国的高等职业院校树立起标杆，引领高职院校整体管理水平和办学水平的提高。""在高等职业教育的整个发展过程中，一定要坚持育人为本，德育为先，把立德树人作为高等职业教育的根本任务。"高职高专学校应该从严治教，加强管理，把学生思想政治教育工作融于学校管理之中，建立和健全严格实施的各种规章制度，规范学生的学习、

生活和行为，形成自律和他律、激励与约束有机结合的机制。要加强学生管理人员的队伍建设，做到组织保证。要在政治上激励他们，工作上支持他们，生活上关心他们，切实解决职称评聘、职务聘用等实际问题，解除他们的后顾之忧，让他们满怀热忱地投身到学生工作中。要激发班主任、学生工作干部的工作积极性，如建立班主任聘用、考核、评价、奖励的制度，改变班主任工作只重聘任、发津贴，轻指导、轻考核以及班主任干与不干一个样、干多干少一个样的消极状态。

2. 构建教书育人的机制

课堂教学和实习实训是高职高专院校教育的主要形式。学校育人的任务从形式和时间分布上主要在教学环节中完成，因此教学是育人的重点环节。但实际工作中，这一点往往被学校忽视，出现教学和学生工作两块皮的现象，有时甚至出现分管领导、部门之间对育人工作的相互推诿、埋怨。不改变这种现状，学生思想政治教育工作就不可能落到实处，因此构建教书育人机制势在必行。

（1）因材施教，进行教学改革，增强教学环节对学生的吸引力。

当前，不少高职高专院校部分学生学习热情不高，缺课现象多，究其原因，主要是学生对所学内容不感兴趣。笔者在对某学校随堂教学检查中发现，测量专业开设了城市规划课程，使用城市规划本科专业和研究生教材，虽然学校聘请了本科院校的博士教师任课，出勤率却不到一半。这种教学内容脱离学生职业岗位的实际需要和学生接受能力，自然不受学生欢迎。长此以往，必然败坏学风，导致学生思想政治教育失去基础。课堂教学效果直接影响学风，这是学生思想政治教育不可忽视的重要方面。高职高专院校应以就业为导向，根据毕业生所需的知识、技能、素质制订人才培养方案，设置课程和教学大纲,改革教学方式、方法,把学生吸引到教学过程中来,让学生能学、爱学、学有所得,形成良好的学习习惯。只有这样,学生思想政治教育工作才能有坚实的基础;否则,再多的思想工作也无济于事。

(2) 搞好师德教育,激励教师做到教书育人。

教师是人类灵魂的工程师,传道、授业、解惑是教师的天职,而传道则是重中之重。高职高专院校所有课程都有育人的功能,所有教师都有育人的职责。在传授知识的过程中,教师应结合教学内容,有的放矢地做好学生思想教育工作,如职业道德等教育。同时,对学生应严格要求,如学习成绩、出勤等等,让学生保持适度的学习压力。只有这样,学生才会养成勤奋努力、积极向上的好风气。在这方面,不仅教师对学生要以身作则,严格要求,学校对教师是否爱岗敬业、教书育人也应建立相应的考核奖惩办法,将师德教风考评纳入教学管理和考核的各个环节中,作为教学单位和教师个人年度考核的重要内容,与职称评聘、职务晋升、评优奖励等挂钩,以激励广大教师增强责任感和事业心,在教学环节中切实做好学生思想教育工作。

(3) 提高教师课堂教学能力。

教师课堂教学效果的好坏,直接影响学生的学习兴趣,进而影响学风。教师教学生动活泼、通俗易懂,学生就喜欢学习,出勤率就高。否则,学生厌学、逃学,不但不能学到应掌握的知识、技能,反而容易养成不良行为习惯。因此,提高教师教育教学能力、吸引学生参加正常的教学活动,是教师教书育人的重要方面。

(4) 改进"两课教育"。

"两课"教育是高职高专学生思想政治教育的直接方式,对引导学生树立正确的世界观、人生观,培养高尚的道德情操、良好的行为习惯具有重要作用。但实际上大多数高职高专院校的"两课"教育形式单一,多为说教式的灌输,效果不佳,不受学生欢迎,应该进行教学方式、方法的改革,改变单一的灌输式课堂教学模式,采用互动式的开放教学模式,让学生喜闻乐见、易于接受。

3. 构建服务育人的机制

学生思想政治教育工作不仅靠正面的思想和德育教育,更重要的是要结合学生关注的难点、热点问题,解决他们的实际困难。"以服务为宗旨"要体现在学校各项工作中,把引导学生和服务学生结合起来。要开展好课内外素质教育,如社会实践、校园文化活动、专题讲座等等,同时开展好帮困助学、就业指导、心理健康教育、心理咨询等服务。细致入微地做实关系到学生利益的学习环境、餐饮、住宿等保障工作,让学生在轻松愉快的氛围中受到熏陶,既提高学生的人文素养,又使其受到思想教育,开辟德育的第二课堂,做到春风化雨,润物无声。

4. 构建活动育人的机制

结合高职高专学生长知识、长身体、活泼好动的特点,高职高专院校应因势利导,丰富学生课余活动,开展形式多样的科技创新、体育、艺术、娱乐等活动,把德育与智育、体育、美育有机地结合起来,寓教于乐、寓教于文化之中。

5. 构建环境育人的机制

环境对人具有潜移默化的影响,从古至今人们都非常重视,"孟母三迁"就是环境影响人的最好诠释。高职高专院校应营造积极健康向上的校园文化环境,优化浓厚的育人氛围,如发挥好报纸、广播、电视、校园网的宣传舆论作用,开展文明宿舍、文明教室的评比活动,创建整洁美观、清新宁静的校园等等,让学生被优美的环境感染,培养健康高雅的素养。除重视学院内部良好育人环境的营造外，高职高专院校还应力争取得当地政府和有关部门的支持，大力整顿校园周边环境，以保障学校正常的教学秩序和师生健康的课余校外活动。

四、结　语

高职高专教育的根本任务是育人，即培养德智体美全面发展的社会主义建设者和接班人。育人是高职高专院校的一个系统工程，仅仅依靠学生工作队伍是不够的，是违背教育规律的。高职高专院校应围绕育人目标，整合学校的所有力量和资源，形成合力和网络，构建管理育人、教书育人、服务育人、活动育人、环境育人的整套机制，从而实现学校全员、全过程、全方位育人。只有这样，高职高专院校的学生思想政治教育工作才能建立广泛而坚实的基础，得到加强和改进，取得实效。

参考文献：

教育部教社改〔2005〕10号《教育部关于印发〈学习贯彻落实中发〔2004〕16号文件和全国加强和改进大学生思想政治教育工作会议精神宣讲提纲〉的通知》.

（本文发表于《云南师范大学学报》2007年增刊，作者：谭红翔）

云南高职院校经济困难学生现状调查及对策分析

摘要：通过对经济困难学生学习、生活、思想等现状调查，提出了云南高职院校经济困难学生在学习、生活、思想等方面存在的主要问题以及解决问题的对策。

关键词：云南高职院校　经济困难学生　问题　对策

一、引　言

随着改革开放和国家经济建设的不断推进，我国高等职业教育得到了蓬勃发展，高职院校为国家经济建设培养出大批合格有用的高技能应用型人才。然而，在社会经济飞速发展的今天，知识要求更新加快、高技能人才需求迫切，以及就业形势严峻和学生综合素质能力的缺陷，无疑给高职院校学生，特别是经济困难学生产生了巨大的压力。在社会大环境现实中，他们的人生观、价值观和世界观随之发生改变。部分经济困难学生在思想观念、学习态度、行为习惯等方面出现了偏差，有的甚至盲目追求和享受与现实不相符的生活。本文通过对云南高职院校 1 199 名 05 级和 06 级学生在学习、生活、思想等方面的现状调查，看到了云南高职院校经济困难学生在学习、生活、思想及心理等方面存在着的问题，应引起学校的高度重视。

二、调查对象与方法

1. 调查对象

云南高职院校 05 级、06 级学生 1 199 人,其中男生 689 人,女生 510 人。学生基本情况见表 1:

表 1　05 级、06 级学生基本情况一览表(人/%)

	总人数			农村学生			城市学生			非经济困难学生			经济困难学生		
	男	女	合计	男	女	合计	男	女	合计	男	女	合计	男	女	合计
05级	313	216	529	222 70.9	145 67.1	367 69.4	91 29.1	71 32.9	162 30.6	228 72.8	144 66.7	372 70.3	85 27.2	72 33.3	157 29.7
06级	376	294	670	256 68.1	211 71.8	467 69.7	120 31.9	83 28.2	203 30.3	263 69.9	207 70.4	470 70.1	113 30.1	87 29.6	200 29.9
合计	689	510	1199	478 69.4	356 69.8	834 69.6	211 30.6	154 30.2	365 30.4	491 71.3	351 68.8	842 70.2	198 28.7	159 31.2	357 29.8

2. 调查时间及内容

(1) 调查时间:2005 年 9 月至 2006 年 9 月(05 级),2006 年 9 月至 2007 年 9 月(06 级)。

(2) 调查内容:缺课(2 节课以上)、晚归(23 点以后)、不及格(考试、考查)、拥有移动电话(手机、小灵通)、其他违纪(如酗酒、打架、作弊等)以及获三好学生、校级奖学金、其他奖学金(国家、省政府、企业赞助等)、文体比赛(文艺、体育等)、担任各级学生干部情况。

3. 调查方法

(1) 文献资料法:查阅相关调查研究成果。

(2) 资料整理法:对 05 级、06 级学生第一学期和学年结束后相关数据进行收集整理。

(3) 调查访问法：向班主任和部分学生进行经济困难学生相关情况调查访问。

(4) 比较法：对经济困难学生和非经济困难学生相关指标数据进行结果比较。

三、调查结果

1. 学生学习生活现状调查结果

通过调查发现：部分经济困难学生不能严格要求自己，学习不刻苦，积极性不高，学习成绩不好，消费观念不理性（见表2、表3）。

(1) 经济困难学生学期缺课人数较多。05级、06级学生缺课比例为20.7%，其中，经济困难学生学期缺课比例为8.3%，占经济困难学生总人数的28%；非经济困难学生缺课比例为12.3%，占非经济困难学生总人数的17.6%。

(2) 经济困难学生晚归人次较多。05级、06级学生每学期人均晚归1.9次，其中，经济困难学生人均晚归2.1次，男生2.9次，女生1.1次；而非经济困难学生人均晚归1.8次。

(3) 经济困难学生学期不及格人数较少。05级、06级学生学期不及格比例为11.6%，其中，经济困难学生学期不及格比例为4.2%，占经济困难学生总人数的14%；非经济困难学生学期不及格比例为7.4%，占非经济困难学生总人数的10.6%。

(4) 经济困难学生拥有移动电话人数较少。05级、06级学生拥有移动电话比例为43.3%，其中，经济困难学生拥有移动电话比例为12.5%，占经济困难学生总人数的42%；非经济困难学生拥有移动电话比例为30.8%，占非经济困难学生总人数的43.8%。

（5）经济困难学生其他违纪人次较多。05级、06级学生每学期人均违纪0.2次，其中，经济困难学生每学期人均违纪0.3次；非经济困难学生每学期人均违纪0.2次。

表2　经济困难学生学习生活现状调查结果表（人/%）

	缺课			晚归（人次）			不及格			拥有移动电话			其他违纪（人次）		
	男	女	合计	男	女	合计	男	女	合计	男	女	合计	男	女	合计
05级	32	11	43	312	95	407	21	8	29	32	45	77	27	14	41
	10.2	5.1	8.1	—	—	—	6.7	3.7	5.5	10.2	20.8	14.6	—	—	—
06级	40	17	57	255	76	331	16	5	21	41	55	96	36	22	58
	10.6	5.8	8.5	—	—	—	4.3	1.7	3.1	10.9	18.7	14.3	—	—	—
合计	72	28	100	567	171	738	37	13	50	73	100	150	63	36	99
	10.4	5.5	8.3	—	—	—	5.4	2.5	4.2	10.6	19.6	12.5	—	—	—

表3　非经济困难学生学习生活现状调查结果表（人/%）

	缺课			晚归（人次）			不及格			拥有移动电话			其他违纪（人次）		
	男	女	合计	男	女	合计	男	女	合计	男	女	合计	男	女	合计
05级	47	16	63	532	137	669	32	9	41	72	95	167	56	23	79
	15	7.4	11.9	—	—	—	10.2	4.2	7.8	23.0	44.0	31.6	—	—	—
06级	62	23	85	721	160	881	34	14	48	90	112	202	68	37	105
	16.5	7.8	12.7	—	—	—	9.0	4.8	7.2	23.9	38.1	30.1	—	—	—
合计	109	39	148	1253	297	1550	66	23	89	162	207	369	124	60	184
	15.8	7.6	12.3	—	—	—	9.6	4.5	7.4	23.5	40.6	30.8	—	—	—

2. 学生获奖情况调查结果

通过调查发现：经济困难学生由于学习成绩不理想，优秀三好学生和奖学金评选人数较少,但在文体活动获奖和担任学生干部方面没有明显差异,表现较为积极(见表4、表5)。

(1) 经济困难学生获优秀三好学生人数较少。05级、06级学生获优秀三好学生比例为70.2%,其中,经济困难学生获优秀三好学生比例为20.1%,占经济困难学生总人数的67.5%;非经济困难学生获优秀三好学生比例为50.1%,占非经济困难学生总人数的71.4%。

(2) 经济困难学生获校级奖学金人数较少。05级、06级学生获校级奖学金比例为17.7%,其中,经济困难学生获校级奖学金比例为5.2%,占经济困难学生总人数的17.4%;非经济困难学生获校级奖学金比例为12.5%,占非经济困难学生总人数的17.8%。

(3) 经济困难学生获其他奖学金人数较少。05级、06级学生获其他奖学金比例为3.2%,其中,经济困难学生获其他奖学金比例为0.8%,占经济困难学生总人数的2.8%;非经济困难学生获其他奖学金比例为2.3%,占非经济困难学生总人数的3.3%。

(4) 经济困难学生获文体比赛等奖人次和非经济困难学生获文体比赛等奖人次一样多。05级、06级学生每学期人均获奖1.6次,经济困难学生、非经济困难学生每学期人均获奖皆为1.6次。表明在文体活动方面,经济困难学生和非经济困难学生基本没有区别。

(5) 经济困难学生担任各级学生干部人数较多。05级、06级学生担任各级学生干部人数为总人数的35.3%,其中,经济困难学生担任各级学生干部比例为10.6%,占经济困难学生总人数的35.6%;非经济困难学生担任学生干部比例为24.7%,占非经济困难学生总人数的35.1%。表明班主任和学校各团学组织在考虑安排学生干部时,很注意培养经济困难学生干部，也表明经济困难学生干部有较好的吃苦精神和服务意识。

表4 经济困难学生获奖情况调查结果表（人/%）

	三好学生			校级奖学金			其他奖学金			文体等获奖（人次）			学生干部		
	男	女	合计	男	女	合计	男	女	合计	男	女	合计	男	女	合计
05级	32	67	99	6	18	24	1	3	4	165	100	265	45	25	70
	10.2	31.0	18.7	1.9	8.3	4.5	0.3	1.4	0.8	—	—	—	14.4	11.6	13.2
06级	74	118	142	11	27	38	2	4	6	178	122	300	37	20	57
	19.7	40.1	21.2	2.9	9.2	5.7	0.5	1.4	0.9	—	—	—	9.8	6.8	8.5
合计	106	185	241	17	45	62	3	7	10	343	222	565	82	45	127
	15.4	36.3	20.1	2.5	8.8	5.2	0.4	1.4	0.8	—	—	—	11.9	8.8	10.6

表5 非经济困难学生获奖情况调查结果表（人/%）

	三好学生			校级奖学金			其他奖学金			文体等获奖（人次）			学生干部		
	男	女	合计	男	女	合计	男	女	合计	男	女	合计	男	女	合计
05级	96	153	249	18	47	65	3	8	11	408	204	612	80	48	128
	30.7	70.8	47.1	5.8	21.6	12.3	1.0	3.7	2.1	—	—	—	25.6	22.2	24.2
06级	194	236	352	23	62	85	5	12	17	476	232	708	115	53	168
	51.6	80.3	52.5	6.1	21.1	12.7	1.3	4.1	2.5	—	—	—	30.6	18.0	25.1
合计	290	389	601	41	109	150	8	20	28	884	436	1320	195	101	296
	42.1	76.3	50.1	6.0	21.4	12.5	1.2	3.9	2.3	—	—	—	28.3	19.8	24.7

四、问题与对策

1. 存在的主要问题

通过对云南高职院校1 199名05级、06级学生思想、学习、生活、纪律、获奖等情况的调查，可以看出，部分经济困难学生在思想、学习、生活及心理等方面存在着一些问题，主要表现在以下方面：

（1）求实上进、理想信念淡化。主要表现为：思想偏激、行为松散、学习进取心不强，专业知识钻研不够，缺乏相关知识拓展；思想政治课不重视，缺乏远大理想抱负，尤其是独生子女学生缺乏艰苦奋斗和吃苦精神；人生观、价值观和世界观出现了偏差，逃避现实，消极处事，盲目追求和享受与现实不相符的生活；善待他人、助人为乐、集体观念、劳动观念、成人成才观念比较淡漠。

（2）自律、诚信危机显露。由于受社会大环境和部分高消费学生的不良影响，加之以前自己养成的不良习惯，部分经济困难学生不能严格要求自己，不能自觉遵守校规校纪；自我管理、自我教育、自我服务、自我约束意识不强；损人利己、自私、诚信缺失现象日趋显现；服务意识、合作精神、责任感下降。

（3）心理问题日趋明显。部分经济困难学生由于受社会现实冲突和学习、情感、经济、就业等压力的影响，不能正确对待和处理，从而出现迷茫、苦闷、烦躁、焦虑等心理问题和心理不适应，抽烟、喝酒、上网吧、谈恋爱、乱交朋友等现象突出，甚至追求不健康的生活方式，贪求享受、麻木自己，虚荣、享乐和消极处事心态明显上升。

2. 解决问题的对策

高职院校承担着国家建设需要的高技能应用型人才培养，

我们要用科学发展观正确看待云南高职院校经济困难学生的现状和特点,要关心和重视家庭经济困难学生的培养教育,看到他们的优势。只有认真分析云南高职院校学生思想、学习、心理、生活现状,深入研究云南高职院校学生教育管理工作中存在的主要问题,找准对云南高职院校学生教育管理的方法及对策,才能实现高职院校人才培养目标,促进高职教育的健康、快速发展。

(1) 充分发挥大学生思想政治理论课的主渠道、主阵地作用,加强思想政治理论课的针对性和实效性。思想政治理论课是大学生的必修课,是帮助大学生树立正确的人生观、价值观和世界观的重要途径,是对学生进行全部德育的基础,高职院校学生的思想政治理论课,必须打破中学式的模式,要树立以生为本、一切为学生的理念,不断改革和创新思想政治理论课教学内容和方法。同时,要加强对学生市场经济理论、职业道德、创新能力的培养教育,加强理论和实践的结合,提高学生适应社会需要的综合素质和能力。

(2) 加强成人成才教育和健康生活理念的养成。从实际出发,加强大学生养成教育,引导他们学会学习、学会做人、学会做事、学会交往、学会负责。良好的生活习惯是学生成人成才、成就事业的基础,正确引导学生树立良好社会风范,弘扬正气,追求真善美,抵制不健康的生活方式。

(3) 加强校园文化建设,创造良好的校园生活环境。加强建设具有云南高职院校特色的校园文化,形成优良的校风、学风和师德教风;开展丰富多彩的校园文化活动和社会实践活动,营造良好的人文环境,陶冶情操,培养学生的集体主义思想、团结协作精神和积极的竞争意识;积极帮助学生建立良好的人际关系,有效缓解学生在学习、生活中遇到的各种压力,消除心理问题,保持身心健康,促进协调发展。

(4) 加强心理健康教育和心理咨询工作。加快普及心理学、心理卫生知识教育的步伐,多开展实效性强的心理健康讲座,让学生了解和掌握自身心理和生理发展的特点和规律,增强自我认识、自我调节、自我控制和自我完善的能力;加强学生的心理咨询工作,搭建心理咨询平台,如设立心理咨询电话、心理咨询信箱,开辟心理咨询专栏等;加强心理健康教育和心理咨询师资队伍建设,普遍提高班主任、辅导员、教职员工的心理健康教育和心理咨询的专业知识和能力。

(5) 加强日常管理教育和规章制度建设。高度重视学生的日常教育和管理,使学生养成良好的严格自律、遵纪守法以及自我管理、自我教育、自我服务、自我约束的习惯;规范学校的各项规章制度,把制度管理和服务育人相结合,增强学生管理工作的责任感和紧迫感,提高全体教师做好学生工作的能力,切实做好全员育人、全过程育人、全方位育人,保障学生教育管理目标的实现。

(6) 健全和完善家庭经济困难学生的资助体系。认真贯彻和落实党中央、国务院和地方政府对家庭经济困难学生给予的一系列帮贫助困政策,切实做好家庭经济困难学生的国家助学金、奖学金、学费减免、生活补贴、国家助学贷款等以及地方政府奖助学金工作;加大经济困难学生勤工助学、校内奖助学金和特殊困难补助等力度;积极争取企业和社会团体等对家庭经济困难学生的奖学金、助学金支持。

五、结　语

云南高职院校经济困难学生虽然在经济和心理上处于弱势地位,但他们在高等职业教育中是一群不可忽视的群体,他们有权利享受平等教育的机会,只要重视和加强培养教育,措施到位,他们一定能健康、快乐成长,并有成人、成才的明天。

参考文献：

[1] 中宣部教育部团中央. 加强和改进大学生思想政治教育文件汇编 [M]. 北京：中国人民大学出版社，2005.

[2] 国务院. 关于大力发展职业教育的决定，2005-10-28.

[3] 国务院. 关于建立健全普通本科高校高等职业学校和中等职业学校家庭经济困难学生资助政策体系的意见〔2007〕13号.

[4] 张钊源，生铁. 大学生必读教程 [M]. 北京：经济日报出版社，2007.

[5] 叶婕妤. 习惯与成就——心理咨询手册 [M]. 北京：人民日报出版社，2005.

[6] 李伯黍，燕国材. 教育心理学 [M]. 上海：华东师范大学出版社，2000.

（本文发表于《昆明冶金高等专科学校学报》2009年第6期，作者：倪永辉、代祖良、谭红翔、吴虹、冯嘉洁、邓绍艺）

云南高职院校"活动育人"开展现状调查及对策分析

摘要：通过对云南高职院校学生活动现状调查，表明高职院校开展学生活动对"育人"有积极的作用，归纳和分析了影响"活动育人"的工作因素，提出了高职院校"活动育人"工作存在的主要问题以及解决问题的对策。

关键词：高职院校　学生　活动育人　现状　对策

一、引　言

高等职业院校"要主动适应经济和社会发展需要，……坚持培养面向生产、建设、管理、服务第一线需要的'下得去、留得住、用得上'，实践能力强、具有良好职业道德的高技能人才"。同时，"要针对高等职业院校学生的特点，培养学生的社会适应性，教育学生树立终身学习理念，提高学习能力，学会交流沟通和团队协作，提高学生的实践能力、创造能力、就业能力和创业能力，培养德智体美全面发展的社会主义建设者和接班人"。

本文通过对昆明冶金高等专科学校等三所云南省高职院校教师、管理者和学生进行"学校开展学生活动"相关问题的问卷调查，从中得出云南高职院校"活动育人"的现状，以及通过在昆明冶金高等专科学校物流与交通学院广泛开展形式多样的学生活动，验证"活动育人"所取得的成效，从而证明高职院校开展学生活动对"育人"有积极的作用,并提出高职院校"活动育人"工作存在的主要问题和解决问题的对策。

二、调查研究对象与方法

1. 调查研究内容及对象

(1) 活动育人重要性调查。

以"五育人",即教书育人、管理育人、服务育人、活动育人和环境育人是否重要为指标内容,向昆明冶金高等专科学校等三所云南省高职院校的教师、管理者和学生进行随机问卷。共发出问卷调查表650份,收回605份,收回率93.1%,有效表586份,有效率90.2%,其中学生问卷样本为344份,占有效问卷总样本量的58.7%。

(2) 活动育人开展的评价调查。

以"活动育人",即学校开展的学生活动为指标内容进行评价,向昆明冶金高等专科学校物流与交通学院学生进行随机问卷调查,共发出评价问卷表200份,收回调查表195份,收回率97.%,有效表186份,有效率93%。

2. 调查研究方法

(1) 问卷调查法:对昆明冶金高等专科学校等三所云南省高职院校的教师、管理者和学生进行问卷调查。

(2) 文献资料法:查阅相关调查研究成果。

(3) 数理统计法:对调查问卷相关数据用Excel进行整理、统计。

(4) 资料整理法:对昆明冶金高等专科学校物流与交通学院学生活动相关数据进行收集整理。

(5) 分析法:对"活动育人"相关指标数据及育人重要性进行结果分析。

三、调查研究结果与分析

1. "活动育人"重要性认识

通过对"活动育人"预期指标内容的问卷调查统计结果来看,高职院校学生活动的开展情况普遍得到了学生和教师的认可,学校开展各类学生活动的重要性显著(见表1)。

表1 活动育人重要性调查统计表(%)

总人数=586

指标内容	非常重要	很重要	比较不重要	不重要	完全不重要
学校开展丰富多彩的文艺、体育活动	149 (25.4)	358 (61.1)	55 (9.4)	19 (3.2)	5 (0.9)
学校开展丰富多彩的社会实践活动	218 (37.2)	318 (54.3)	33 (5.6)	13 (2.2)	4 (0.7)
学校开展各种团学活动,如公益活动	166 (28.3)	342 (58.4)	53 (9.0)	22 (3.8)	3 (0.5)
学生参加勤工助学活动	178 (30.4)	304 (51.9)	81 (13.8)	20 (3.4)	3 (0.5)
学校开展学术活动、科技创新活动	201 (34.3)	301 (51.4)	63 (10.8)	17 (2.9)	4 (0.7)
学生参加活动的积极性高	208 (35.5)	302 (51.5)	50 (8.5)	21 (3.6)	5 (0.9)

(1)开展学生活动很重要。从表1可看出,82%以上的调查者均表示学校开展各类活动很重要或非常重要,其中,认为学校开展丰富多彩的文艺、体育活动很重要或非常重要者为86.5%,认为开展丰富多彩的社会实践活动很重要或非常重要者为91.5%,认为开展各种团学活动(公益活动等)很重要或非常重要者为86.7%,认为学生参加勤工助学活动很重要

或非常重要者为82.3%,认为开展学术活动、科技创新活动很重要或非常重要者为85.7%。

(2) 学生参加活动的积极性高。从表1还可看出,学生、管理者和教师十分认可学校开展的各类学生活动,有87%的调查者表示学生参加活动的积极性很高。

2. 学生活动开展的评价程度和开展意见

通过调查者对学校最满意方面和对学生活动开展情况进行问卷评价的调查结果来看,高职院校开展各类学生活动的良好情况普遍得到了学生和教师的认可,调查者对学校开展的各类学生活动以及校园文化活动的满意度显著(见表2、表3)。

(1) 调查者评价学校最满意的方面是学生活动的开展。从表2可看出,调查者在对学校六个方面的问卷评价中,满意度最高的内容为学校学生活动的开展,满意度为25.1%,其次为校园文化活动,满意度为24.4%。这充分表明学生活动在高职院校学生的日常学习和生活中处于十分重要的地位。

表2 调查对象对学校最满意方面的评价(%)

总人数 = 586

内容	管理制度	校园环境	校园文化活动	学生活动开展	教师提供的教学服务	职工提供的学生服务
满意度	79 (13.5)	106 (18.1)	143 (24.4)	147 (25.1)	85 (14.5)	26 (4.4)

(2) 调查者对学生活动开展的评价满意度高。从表3可看出,各类活动开展的评价满意度从高到低分别为文艺类(80.6%)、体育类(76.1%)、实践类(76.1%)、宣传类(73.7%)、讲座类(72%)、评优类(71.7%)、助困类(70.1%)、就业类(65.1%)。

表3 各类学生活动开展评价及开展意见统计表（%）

总人数 = 项目数 × 186

类型	项目	评价程度				开展意见			
		非常满意	很满意	比较满意	不满意	定期开展	多开展	少开展	不开展
体育类	10	210 (11.3)	593 (31.9)	612 (32.9)	445 (23.9)	740 (39.8)	878 (47.2)	170 (9.1)	62 (3.3)
文艺类	9	200 (11.9)	607 (36.3)	542 (32.4)	325 (19.4)	802 (47.9)	695 (41.5)	156 (9.3)	21 (1.3)
实践类	5	131 (14.1)	276 (29.7)	300 (32.3)	223 (23.9)	363 (39.0)	465 (50.0)	81 (8.7)	22 (2.3)
评优类	7	114 (8.8)	378 (29.0)	441 (33.9)	369 (28.3)	654 (50.2)	390 (30.0)	190 (14.6)	68 (5.2)
助困类	4	103 (13.9)	210 (28.2)	208 (28.0)	223 (29.9)	344 (46.2)	330 (44.4)	52 (7.0)	18 (2.4)
讲座类	3	62 (11.1)	156 (28.0)	184 (32.9)	156 (28.0)	230 (41.2)	245 (43.9)	67 (12.0)	18 (3.2)
宣传类	3	49 (8.8)	172 (30.8)	190 (34.1)	147 (26.3)	205 (36.7)	273 (48.9)	60 (10.8)	20 (3.6)
就业类	1	24 (12.9)	41 (22.0)	56 (30.1)	65 (34.9)	50 (26.9)	128 (68.8)	4 (2.1)	4 (2.1)

（3）学生希望能定期开展或多开展各类学生活动。从表3可以看出，80.2%以上参加问卷评价的学生都希望能定期开展或多开展各类学生活动，对各类活动多开展或定期开展的意见从高到低排列分别为就业类（95.8%）、助困类（90.6%）、文艺类（89.4%）、实践类（89%）、体育类（87.6%）、宣传类（85.6%）、讲座类（84.8%）、评优类（80.2%）。

3. 学生活动开展的成效性

通过在昆明冶金高等专科学校物流与交通学院开展全方位育人工作及广泛开展形式多样的学生活动，验证了"活动育人"取得了很大的成效。

（1）学生文体活动成绩显著。从表4可以看出物流与交通学院2007—2009年学生参加学校举行的主要文体活动获奖情况，获奖项目全面，且获奖成绩较好，获奖人次较多，说明学院在实施"活动育人"的工作取得了实效。广大师生认为：开展形式多样的学生活动，极大地充实了学生校园文化生活，使广大学生感受到快乐伴随着学习和生活，快乐就在身边。

表4 物流与交通学院2007—2009年学生参加学校主要文体活动获奖统计

参赛学院数 = 10

年份	田径运动会	"学院杯"篮球赛	"学院杯"排球赛	"学院杯"足球赛	普通话大赛	英语口英大赛	征文大赛	书画大赛
2007	获入场式第六名，团体总分第二名，42个单项名次	男女队均获冠军	男女队均获冠军	冠军（男子）	团体三等奖	二等奖1人	二等奖2人，三等奖1人，优秀奖3人	一等奖2人，二等奖4人，三等奖6人，优秀奖6人
2008	获入场式第三名，团体总分第二名，34个单项名次	男队第三名女队冠军	女队亚军	第四名	团体二等奖	三等奖1人，优秀奖2人	一、二、三等奖各1人	二等奖1人，三等奖3人，优秀奖3人
2009	获入场式第三名，团体总分第二名，27个单项名次	男队第二名女队冠军	男队第二名女队冠军	第二名	优秀奖	优秀奖3人	一等奖1人，二等奖2人，三等奖1人，优秀奖1人	一等奖1人，二等奖4人，三等奖5人，优秀奖5人

（2）学生参加各类活动获奖率高。从物流与交通学院

2007—2009年学生在校、院两级各类活动（如文体、各类评优评先、军训等活动）中的获奖情况来看，学院"活动育人"工作得到了深入开展，不论是集体活动项目还是个人活动项目方面，都取得了可喜的成绩，且呈现逐年上升的态势（见表5）。

表5 物流与交通学院2007—2009年学生院、校两级各类活动获奖统计

年份	班级总数（个）	学生总数（人）	校级集体奖（项次/%）	院级集体奖（项次/%）	校级个人奖（人次/%）	院级个人奖（人次/%）
2007	26	1 114	18（69.2）	139（534.6）	1 552（139.3）	928（83.3）
2008	31	1 521	28（90.3）	230（741.9）	2 188（143.9）	2 026（133.2）
2009	29	1 385	27（93.1）	279（962.1）	2 082（150.3）	1 875（135.4）

4. 主要特点

通过对高职院校"活动育人"现状的调查发现，高职院校积极开展学生活动，极大地满足了学生锻炼、健身、娱乐和学技能、磨意志、长见识、增才智等各种需要，同时又能培养学生团队意识、集体荣誉感和提高自身多种适应社会、工作、生活的能力。

（1）把文体活动作为学生活动的主要轴线。围绕"班级—系（部）—学院（校）"这条轴线来开展文体活动，自下而上，或从上至下，多层次开展活动，学生参与面大。

（2）精心策划，合理安排活动内容和时间。在制订文体活动计划时，把"学校（院）—系（部）—班级"各级团学组织预期开展活动的内容、时间、场地进行合理的分配，保证

活动有序开展,尽量减少冲突,并充分发挥资源的有效利用。

(3) 以活动为载体,于活动中育人。通过开展学生活动,来丰富学生校园文化生活,促进学生身心快乐、陶冶情操,培养和提高学生的团队精神、人文素养和拼搏意志。

(4) 培养和锻炼团学干部。通过开展丰富多彩的学生活动,为广大团学干部提供和创造了广泛接触同学、服务同学的机会,让他们能得到了全面锻炼,使其服务能力、沟通协调能力、组织能力等有了很大提高。

(5) 构建和谐校园,彰显校园文化内涵。通过开展各类学生活动,能极大地加强校园文化建设,为学生快乐学习、健康生活营造良好氛围。

四、存在问题与对策

1. 存在的主要问题

学生活动永远是校园文化的主题,高职院校学生活动虽然开展较好,但发展前景令人担忧。主要存在如下问题:

(1) 缺乏活动经费投入。学生活动经费的投入并没有随着学生活动不断创新发展的变化而增加,限制了学生活动的创新发展,削弱了学生活动开展的热情。

(2) 缺乏活动场地拓展。随着经济社会的日益发展和高职院校办学规模的不断壮大,只有推动校园文化建设发展的步伐,学生活动种类增多,活动项目推陈出新,活动场地要求不断拓展,才能更好地满足学生活动创新发展的需要。

(3) 缺乏活动项目开发。高职院校学生活动项目更多是在既有条件下开展的,这不仅阻碍了学生活动的创新发展,也严重地削弱了师生积极开发学生活动项目的积极性和主动性。

(4) 缺乏活动团队建设。组织开展学生活动,必须有一支既热心又具专长的老师和学生骨干团队,然而,学校(院)

在这方面重视还不够,缺乏对人力资源的开发和利用。

(5) 缺乏长效机制建设。开展学生活动贵在"持之以恒"的热情,同时也离不开必要的激励措施,要想学生活动开展得好,长效机制建设不可少。

2. 解决问题的对策

(1) 学校(院)领导真正重视学生活动的开展,加大学生活动经费的投入,不断改善活动场地和设施条件。真正意义的重视和关心,要体现在行动上的积极支持,努力增加学生活动专项经费投入,积极改善学生活动场地和设施,为学生活动开展提供条件保证。

(2) 积极创新学生活动。既传承传统校园文化,又不断推陈出新,在内容上、形式上、方法上、手段上不断地有所创新,使学生活动开展更具时代气息,不断满足广大学生的精神生活和学习生活需要。

(3) 加强学生活动团队建设。打造一支强有力的学生活动团队,需要学校(院)和相关部门用心去培养、挖掘热情于学生工作和组织开展学生活动的积极分子,充分调动广大师生的积极性,构建师生人才梯队,保证学生活动开展和校园文化建设蒸蒸日上、经久不衰。

(4) 建立学生活动长效机制。建立学生活动长效机制,主要是建立一套具有科学和合理的组织、工作、考评、激励、监管等制度和措施办法,并能使之公开化、规范化和经常化,同时,活动长效机制要富有人性化和创新化。

五、结 语

高职院校承担着培养面向生产、建设、管理、服务第一线需要的"下得去、留得住、用得上"的高技能人才,应积极开展形式多样的学生活动,以强化"育人"功能,使"活动育人"成为开展学生思想政治教育的重要手段，并通过活动的开展，努力营造良好的校园文化氛围，构建和谐校园，实现学生自我教育，提高人才培养的质量。同时，可以通过创新学生活动、培养学生活动团队和构建学生活动长效机制，保证高职院校"活动育人"的有效和持久开展。

参考文献：

[1] 代祖良，吴虹，谭红翔等.影响云南高职院校"五育人"工作因素调查研究 [J].昆明冶金高等专科学校学报，2009，25：2.

[2] 中宣部，教育部，团中央.加强和改进大学生思想政治教育文件汇编 [M].北京：中国人民大学出版社，2005.

[3] 汪凤涛.高校"全方位育人机制的建立" [J].新东风新领导，2006（07）.

[4] 张立华.新时期校园文化在高校德育中的作用 [J].山西高等学校社会科学学报，2008（06）.

（本文发表于《昆明冶金高等专科学校学报》2010年第2期，作者：倪永辉、代祖良、谭红翔、吴虹、冯嘉洁、邓绍艺）

浅析全方位育人机制下的班主任工作

摘要：以教书育人、管理育人、服务育人、活动育人、环境育人措施为核心的全方位育人机制是高职院校提高办学水平和学生管理工作的一个有效途径，班主任在其中发挥了重要作用。高职院校班主任应从"从严治班、管理育人，丰富文体、活动育人，软硬结合、环境育人，言传身教、教书育人，细致用心、服务育人"五个方面对学生进行管理、教育和服务。

关键词：高职院校　全方位育人　班主任

云南省教育科学研究课题《高职高专全方位育人机制研究》开展并实施近两年时间，试点单位昆明冶金高等专科学校物流与交通学院严格按照文件精神制定管理制度《关于开展物流与交通学院全方位育人管理工作的通知》，全面、全员贯彻实施教书育人、管理育人、服务育人、活动育人、环境育人的全方位育人机制，使部分学生学习热情不高，迟到、旷课现象多，学生思想道德，行为习惯缺陷突出等问题得到了一定程度的解决，学院在办学水平、学生管理方面取得了较大的成绩，学生职业素质培养等方面取得了长足进步。如物流与交通学院物流管理专业学生代表云南省参加了2009年全国物流技能竞赛，荣获二等奖、全国第七名，商务管理（会展）专业学生2009年在全国会展竞赛中取得了两个三等奖的好成绩。

本文在课题研究的基础上，就班主任如何实施全方位育人进行了思考。

班主任作为学校班级工作的领导者、教育者和组织者,是教学工作的协调者,是学校目标管理的具体实施者,也是沟通学校、家庭和社会的桥梁和纽带。班主任在全方位育人机制中起到了重要的作用,是全方位措施得以顺利实施的重要保证。

一、从严治班,管理育人

当代高职学生自我意识非常强,不墨守成规,有时也表现为组织纪律观念淡薄,无视制度。但不以规矩,不成方圆,高职院校班主任应从学校制度和适应本班实际的班级制度着手,从严治班,加强学生的组织意识,培养学生的自律性。

(1) 班主任应通过各种形式明确制度的重要性,使学生自觉遵守法律法规和学校的有关规定。对违反规定的学生先进行深入的谈心,了解学生的思想动态,以情感人,以理服人,争取使学生初犯即止。如果学生屡教不改,则应该严格按学校规定进行相应的处理,以加强学生的制度意识,同时警醒其他同学。

(2) 不同的班级有不同的班级氛围,对制度的认识也可能会相互影响。因此,应根据班级的具体情况制定班规或班级管理办法,规范学生的行为,以制度促进学生的全面发展。

二、丰富文体,活动育人

大学是培养学生沟通、组织、交际等能力的重要场所,学生从高中沉重的学业中解放出来,天性的活泼好动得以释放,这时学生更需要丰富多样的文体活动丰富自己的生活,促进自身的全面发展。作为班级活动的组织者,班主任应鼓励学生积极加入学生会和各种社团,培养学生"自我教育、自我管理、自我服务"的能力。积极参加学校、学院组织的各项活动,一方面发掘和培养自身的各种文体、组织和策划能力,另一方面为形成良好的职业素养和能力奠定基础。

同时,班主任应积极组织安排具有班级特色和专业特点的班级活动,如宿舍美化评比、班级拓展活动、演讲、辩论、模拟招聘、主题班会等。部分活动可由班主任提出方案,学生进行相关的组织策划,班主任审核后付诸实施。形式多样的班级活动将丰富学生的课余生活,增强班级凝聚力,锻炼学生的表达、沟通、组织等能力,大大提高学生的主人翁意识和创新能力。

除在学校开展的活动外,班主任还应鼓励学生参加正规的校外实践活动,让学生走进社会,了解社会,在实践中提高认识和解决问题的能力。

三、软硬结合,环境育人

良好的环境有利于学生的成材。环境可分为硬环境和软环境,硬环境指学校的教学楼、校舍、图书馆、校园绿化等可以让学生舒适学习生活的环境,而软环境则指学生能感受到的学风、教风、班级氛围等。在这两个环境中,硬环境较难改变,而软环境可以营造且对学生的成长有着重要的影响。

班主任在保证学生有一个干净、舒适、美观的硬环境的基础上,应着力营造公平公正、严谨宽松、积极向上、温馨和谐的软环境。

(1) 班主任应督促学生做好教室、宿舍的卫生美化工作,加强学生的卫生意识,视教室和宿舍为自己的家,用心打造干净、美观的教室、宿舍环境。

(2) 班主任应以身作则,对每一位同学都一视同仁,不因学习好坏而对学生差别对待,要不偏不倚,奖惩分明,让学生感受到班主任的公平公正。古语有云:不患贫而患不均,差别对待会使学生产生逆反心理,不利于班主任的管理和班级的团结。

（3）班主任应在严格要求学生完成学业的基础上强调学生的个性化发展。班主任不应强求学生每一门功课都取得优异成绩，要允许学生某一方面存在不足，引导学生根据自己的兴趣和特长，发挥优势，弥补不足，使每一个学生都能够成为有专才、有特长的高技能人才。

（4）班主任应通过赞扬、肯定班级中学习努力、思想进步、团结友爱、乐于助人或积极参加班级活动的同学来营造积极向上的班级氛围，带动其他同学共同进步。

（5）班主任要做学生的良师益友。关心、爱护、体贴学生，经常与学生交谈，了解学生的思想动态和实际困难，为学生排忧解难，解决学生之间的矛盾，营造一个温馨和谐的班级环境。

四、言传身教，教书育人

班主任作为班级工作的领导者，并不直接参与学生的专业学习，但这并不意味着班主任与学生的学习毫无关系。班主任应该主动参与到学生的专业学习中，并不断培养学生的信息意识，提高学生的学习能力和生存能力。

（1）主动与任课教师沟通。大学生来自于不同的地区，有着不同的教育背景、成长环境，因此他们之间在学习能力、动手能力上都有着很大的差异，如何因材施教就成为大学教育以生为本的根本。但任课教师因课程安排、时间等原因与学生的接触往往不如班主任频繁，对学生的了解程度也不够深入，这就要求班主任主动与任课教师沟通，针对不同学生的特点因材施教，促进每个学生的成长。

（2）加强学生的信息意识。21世纪是知识经济时代，是全球信息化的时代，现代科技进步和社会经济发展越来越依赖信息技术、信息资源和信息产业的发展。社会需要高技能人才掌握充分的信息，高校则是培养学生信息意识的重要场所。目前高职院校学生普遍存在信息意识不强、信息语言具有局限性、信息需求不明确的问题，对于信息的关注力往往局限于与专业相关的信息或兴趣所向的部分时事，对于信息缺乏全局的联系与关注，难以从庞大的资讯库中抽丝剥茧地找出联系，大量的信息不能为己所用。因此，在日常的学习中，班主任应提高学生对网络、图书馆检索的应用能力，正确引导学生通过网络、图书等收集与学科相关的资讯，学会对相关资讯进行整理和分析，提高学习、创新能力。同时，还应引导学生关注与就业、职业素质相关的各种信息，提高学生的职业能力。

（3）教会学生聪明地生存。在社会分工日益细化，思想意识日益多样的今天，正确的人生观、世界观和道德观固然是学生成为高素质人才不可或缺的思想观念，但如何聪明地生存也是学生成功不可或缺的素质。班主任不仅要引导学生成为道德高尚的人，更要教会学生掌握职场的生存技巧，使学生对社会有全面客观的了解，在良好的职业道德基础上，正确处理各种矛盾与问题，以不突破道德底线为根本原则，取得最大的社会回旋余地。

五、细致用心，服务育人

大学生离开家到学校学习、生活，很多时候会因为环境的不适应而产生不适感。班主任应时常到宿舍，了解学生对宿舍、教室、校园等方面的意见，及时上报学校相关部门，配合学校或学院予以解决或向学生进行解释，解决学生的后顾之忧，使学生有一个良好的学习、生活环境。

同时，班主任应积极了解与学生切身利益有关的文件、信息，及时提供给学生。在学生无法完成的情况下，班主任应帮助学生办理相关事宜，为学生提供细致到位的服务。

教书育人、管理育人、服务育人、活动育人、环境育人的全方位育人机制是营造和谐校园氛围，提高学校办学能力和学生素质的有效手段。作为学生管理第一线的班主任在其中起到了重要的作用，因此班主任应切实提高自身能力，加强业务水平，全方位地对学生进行管理、教育和服务，与教师、相关部门一起将学生培养成为有良好职业道德的高技能型人才。

参考文献：

陈文娣. 谈信息时代大学生信息意识的培养. 中国经济与管理科学, 2009（04）.

（本文发表于《城市建设》，2010年5月，作者：冯嘉洁）

"思想道德修养与法律基础"综合实践活动模式探索

摘要： 德育实效性问题的解决一方面必须依靠学校、社会和家庭的共同协作，另一方面，学校的德育课程自身也必须得到更新和创新。"思想道德修养与法律基础"作为一门主要的德育课程，经过较多内容的整合，更需要更新教学理念和形式。笔者就此在教学中对综合实践活动模式进行了探索，并取得了初步成效。

关键词： 德育实效性　综合实践活动　模式

"思想道德修养与法律基础"课（以下简称"基础"课）是经过高度整合原来的"思想道德修养"与"法律基础"课而形成的。它对学生进行思想教育、道德教育、法制教育，引导和帮助学生树立正确的人生观和价值观，做新时期的社会主义建设者的接班人。因此，如何提高"基础"课教学的实效性，是高校政治理论课教学改革中面临的一个重要课题。高职院校培养的是高素质技能型人才，学生不仅要掌握一定的理论知识，更重要的是应具有较强的知识应用能力和实践能力。因此，笔者在教学过程中不断学习先进的教学理念，结合现有条件探索综合实践活动模式，以期提高教学效果，培养学生运用所学知识分析、解决实际问题的能力，提高学生的综合素质。

一、综合实践活动模式的提出

高校学生虽然有类似于其他学科的知识体系形成"基础"课的教材,但是"基础"课程既要诉诸认知的因素,更要通过情感、行动的经验去实现。所以,"活动"在教学中具有重要意义。教学意义上的"活动",是对以"知识本位"、"教师中心"为特征的教学不断反思与超越的产物,是在与传授式、灌输式教学相抗衡的过程中逐步形成的一种主体活动形式,具有较强的主动性和能动性。

以往,各高校在进行实践教学时,往往会出现和课堂教学脱节的现象,把课堂教学和实践教学截然分开,甚至只是为了实践而实践。而综合实践活动的特点在于:①它是学校课程的组成部分,纳入课程计划,属于正规教育;②它是有组织、有计划、有系统的长期教育活动;③综合实践活动可以在课堂之外,也可以在课堂之内进行;④综合实践活动既是一种活动,也是一种理念,它把学生直接的生活经验纳入课程的视野,强调人作为主体的实践活动,积极地促进人的全面发展。因此,采用综合实践活动形式来开展"基础"课,可以开辟出"基础"课教育的新天地。

二、综合实践活动的几种模式

1. 课堂内探究式活动

课堂教学在"基础"课教学中占据较大比重,如何在课堂内给学生实践的机会,是笔者关注的重点。有学者认为,德育不能进行封闭式灌输,而要采用开放式指引;不以追求确定性的道德知识为目标,而是给学生练习道德行为的机会;德育要引导学生在具体的生活情境中亲身体验、积极思考、继续探索,让学生学会选择、有所领悟,对人生意义作积极的反思。

笔者开展的探究式活动就是多设计课堂活动环节,让学生在课堂上亲自实践,自己感悟,强调师生的互动合作,强调学生积极主动地参与德育过程,主张德育过程与主体生活紧密联系。

2. 参观考察

参观考察,就是利用地方资源优势,组织学生到具有教育意义的实践基地参观学习。每一次活动都精心设计,做好主题确定、步骤安排、活动总结等环节的工作。在教学过程中,根据教学内容、授课进度、学生实际和学校实际情况,每学期有计划地安排参观学习。参观学习实行领队负责制,即每一次都由教研室教师担任领队,负责联络、学生安全、考勤、作业批改和点评。例如,充分利用本地爱国主义教育基地资源,组织参观"一二·一"纪念馆、陆军讲武堂、南洋华侨机工抗日纪念碑、石龙坝发电站等,以及其他如人才市场、污水处理厂、校办工厂等有教育意义的场所。

3. 观看德育影片

系部通过四年时间建立的德育影视资料库,为德育课播放德育影片提供了条件。任课教师全部利用课余时间组织学生观看。任课教师一般提前一个月上网查询课表,找出各班共同空余时间,然后到教务处联系、落实、登记可使用的多媒体教室,最后组织学生观看。看完之后要求学生写观后感,提交教师全批全改、挑选典型作点评并总结。

4. 旁听庭审

此种模式是让学生自己收集各区法院开庭的相关信息,利用课余时间到法院旁听一次自己感兴趣的案件,回校后写下观后感,并提出不明白的知识点。教师除了批阅点评外,对学生提出的疑问在进行法治教学部分给予解答。此举也为学生开设模拟法庭打下了基础。

5. 社会调查

教师先对学生进行选题及资料收集、调查方法、资料整理、论文形成进行辅导,让学生在周末或者参加志愿者活动,参加学校组织、学生自发组织的其他社会实践活动时进行社会调查,指导学生撰写调查报告,并对优秀论文评奖,汇编成论文集,与奖品、奖状一起发给获奖学生。

三、综合实践活动的具体做法

1. 课程的整体设计

"基础"课总共54学时,课堂教学45学时,课外实践8学时,考查1学时。学生期末总评 = 平时分(50%) + 课外实践(30%) + 卷面考查(20%)。平时分 = 参加课堂活动(60%) + 课后作业(20%) + 考勤(20%)。整个考核突出实践活动在课程中的重要地位。"基础"课每学期均有完整的授课计划和实践活动大纲及安排。课堂内活动每章至少设计一个,课外实践则根据各校区、各班级的具体情况不同,从实践安排表提供的几种做法中择其一完成。在课程建设过程中,笔者呼吁任课教师积极思考,勇于尝试,在不偏离教学内容的前提下,探索出新的实践形式,只要做到有计划、有记录、有审阅、有总结,其工作成果亦被承认。

2. 课堂活动教学实例

他人讲出终觉浅,自己悟出方珍贵。活动教学其本质是实践育人,核心是体验感悟,要让学生成为德育的主体,活动的主角,成长的主人。

笔者在教学过程中对每一章都结合课本内容至少设计一个活动,对教学主题、时间、目的、材料、程序作出具体安排。

以"基础"课第三章第三节为例:

主题:促进个人与他人的和谐

时间：20分钟

目的：使学生了解到在社会生活中自己要与他人结成各种各样的关系，正确认识竞争与合作，促进个人与他人和谐，才能为人生价值的实现创造良好的人际关系。

材料："信任之旅"活动的文字材料；两块毛巾；路线指引者；讨论表。

程序：把学生分为两人一组，一位扮演盲人，一位扮演帮助盲人的哑巴，两人沿着指导者设计好的路线前行，期间不能讲话，只能用手势、动作帮助"盲人"体验各种感觉。活动结束后两人坐下来交流当盲人的感觉与帮助别人的感觉，然后互换角色，再来一遍，再互相交流。交流讨论集中在以下几个方面：对于盲人，你看不见后是什么感觉？使你想起什么？你对帮助你的伙伴是否满意，为什么？你对自己或他人有什么新的发现？对于助人者，你怎样理解你的伙伴？你是怎么样想方设法帮助他的？这使你想起什么？讨论结束后请代表发言，教师进行点评，并对此问题进行总结。

以"基础"课第六章第三节为例：

主题：树立正确的恋爱婚姻观

时间：2学时

目的：通过话剧排演，使学生了解爱情在人生中的重要意义，学会正确处理爱情与学业、爱情与道德、爱情与婚姻的关系。

材料：剧本的文字材料；DV摄像机；主持人；演员表；桌椅凳、茶杯、随身听、布娃娃等道具。

程序：授课前一个月先将剧本复印给学生，让参演学生熟悉剧本、边排练边修改。上课当天由学生自己主持并演出，演完后讨论：爱情的实质是什么？大学生谈恋爱的利弊？如何处理爱情与学业、事业、经济、道德、婚姻的关系？如何正确对待失恋？教师负责摄像、主持讨论及后期 DVD 制作。

又如，讲到家庭美德部分，教师设计了"你对父母知多少"的活动，先让学生答出父母的生日、衣服鞋袜尺码、喜欢吃的食物、不喜欢做的事情，然后写下十件最感激父母的事情，并对"什么是孝顺"展开大讨论，最后教学生唱一首手语歌《感恩的心》。进行法制教育时，开展了案例表演教学。具体的做法是：将班上同学分组，每组同学负责准备一个案例，在课堂上将案例的情节表演出来，在表演中同学们还可以将案情加以发挥，表演结束后大家再来讨论，最后由老师进行点评。

3. 课外实践实例

除了参观考察、观看德育影片、旁听庭审、社会调查等课外实践，笔者还结合各班情况，指导开展主题实践活动。以测绘专业为例，在学习"如何适应新环境"这个主题时，教师指导学生从熟悉校园、熟悉系部开始，布置学生调查了解并写出学校各部门名称、职能与自己的关系，鼓励学生利用专业知识自制学校地图。学生通过这一活动消除了对学校的陌生感，为实现人生新阶段的转变提供了一个较为稳定的心理条件。又如，进行"促进人与自然的和谐"教学时，指导环保专业学生在校园内开展一次性用品的调查，在课堂上公布调查结果，探讨如何把环保意识化为具体行为，并深化思考如何建设绿色校园；对文秘专业的学生则要求课外走访学长，写出走访记录。

一年级新生非常关心大学的学习制度、学习方法、生活经验，这些问题靠教师讲授满足不了他们的需求，同系高年级学生的言传身教更具有说服力。教师将这项活动布置给文秘专业学生，就是要从专业角度出发锻炼他们的采访写作能力。此外，针对大一新生的特点，指导学生进行走出校门、共享资源活动。每一所院校都有自己的校园文化，让学生感受不同的校园文化将有助于他们开阔视野。教师先简介昆明各高校情况，让学生自由组合，走出校门，到昆明其他高校参观。学生归来，感受各异，有的说感受到了名校的历史积淀，有的说可以免费听专家报告会、看各种展览，有的认为校园海报提供了大量信息，有的坐在别人的教室里共享浓厚的学习氛围，等等。就业是每一个大学生都关心的问题，一年级学生也不例外。教师除了推荐就业方面的报纸、杂志和书籍外，还提供昆明市人才市场、云南省人才市场的地点、乘车路线、开放时间，建议学生走入招聘现场，感受竞争的激烈，观察用人单位需求，总结应聘者的成败，将感受到的就业压力转化为学习动力。由于进入人才市场需要门票，而学校没有此项活动经费，考虑我校贫困学生较多这一实际情况，教师只是将此实践活动作为可选项，不强制要求。从学生作业统计，30%的学生选择了这一活动，他们都认为这个活动非常有意义，学到了不少知识。

四、取得初步成果

我国古代教育家王充在《论衡》中阐述，凡认识事务，必须依靠耳目感官直接去接触；要明辨是非，则还需要"心意"进行思考，才能产生理性的认识。他重视实践在教学中的作用，通过实践学到知识。学习要和实际相结合，理论来源于实践，并要为实践服务。他的教育思想虽然距今两千多年了，但对现代教育仍有现实意义。

因此，我们在课内外不断探索综合实践活动模式，从而提高了"基础"课教学实效性，师生都有收获。

首先，调动了学生的学习积极性。活动教学避免了理论的枯燥性，针对"基础"课教学中涉及的有关社会热点、难点问题，通过学生自主参与，活跃了课堂氛围，引发了学生的好奇心、探究心，自己探索出来的观点直接就是自己的，还产生了自己的情和意，对语义的了解和感受更深，能主动接受理论知识。同时，通过表演、演讲、辩论、社会调查等活动锻炼了学生的表达能力、组织能力和应变能力，提高了学生认识问题和明辨是非的能力，所以学生的学习积极性大为提高，到课率也很高。

其次，教师自身素质得到提高。课内课外实践活动增多，意味着教师精力投入增多。为了贴近学生生活，设计出实效性强的活动，教师就必须持之以恒地加强修养，掌握先进的教学理念，吸收各学科相关的知识，广泛搜集各种新资料、新信息，了解社会实际和学生思想实际，不断探索新方法、新手段，永远处于不满足状态。新模式的探索，激发了教师教学改革的热情和对教学工作的兴趣，促使教师在理论知识和实践经验方面不断充实自己，师生共同成长。

在以后的教学过程中，我们还将探索模拟法庭的开设，"基础"课与心理健康教育的结合，与专业学科知识的结合，与生产实习、军事训练、公益劳动、社区服务、科技文化活动、志愿者活动、勤工俭学等的结合，与校园文化的结合，利用学校整体资源来推进德育。

在对新的教学模式进行探索的过程中，我们也遇到一些亟待解决的难题。譬如因为经费紧张，外出参观考察只能安排部分同学参加；教师授课量大，学生过多，组织活动人手不足等等。虽然有的困难不能在短期内解决，但相信在改革的进程中定能逐步解决。

参考文献：

[1] 刘玉超. 改革教学方法，增强教学实效 [J]. 中国科教创新导刊，2007（04）.

［2］王清平. 小学德育活动教学策略［J］. 教学与管理, 2003（09）.

［3］佘双好. 实践德育课程建设的基本构想［J］. 思想·理论·教育, 2003（06）.

［4］吴海燕. 德育生活化——一种开放式德育［J］. 南京晓庄学院学报, 2003（01）.

［5］宫振胜. 教育的智慧与智慧的教育：一份美国哲学教案的赏析［J］. 青岛大学师范学院学报, 2007（09）.

［6］高进, 陶照智."思想道德修养与法律基础"课堂与实践教学结合模式探索［J］. 社科纵横, 2007（11）.

（本文发表于《昆明冶金高等专科学校学报》2010年第2期，作者：邓绍艺、代祖良）

第四部分
制度措施

关于开展物流与交通学院
全方位育人管理工作的通知

各部门科室：

按照学校"五育人"的目标要求，为更好地调动广大教职工工作的积极性、主动性和创造性，明确学院各部门在全方位人才培养过程中的工作职责，促进学院"五育人"各项工作全面有效地开展，现将学院关于开展全方位育人管理工作的通知下发。

一、全方位育人工作的重要意义

随着我国经济社会持续、快速、健康的发展对人才需求的增长，我国高职高专教育呈现快速增长的势头。高职高专院校培养了大批高素质、技能型专门人才，为经济和社会发展，实现高等教育的"大众化"作出了积极的贡献。但应该看到，高职高专院校在学院数量和办学规模迅速扩张的同时，高职高专教育也显现出一些突出的问题，其中最主要的就是不少院校人才培养的质量不高甚至下降，特别是由于学院学生思想政治教育工作的薄弱和淡化而导致的部分学生理想信念淡漠、道德品质下滑、行为不规范、学习不努力、学生群体事件和伤害事件频发等突出问题，这些问题严重影响高职高专教育的健康发展。高职高专院校学生思想政治教育工作出现问题的原因是多方面的，有学院自身的原因，也有社会大气候的影响。就学院内部而言，学生思想政治教育工作薄弱、效果不佳的主要原因是这项工作没有引起全校各级、各部门、全体教职员工的重视，没有形成围绕育人为本、德育为先的办学氛围。因此，加强和改进学生思想政治教育工作，高职高专院校必须转变观念，学院各方面工作围绕中心建立相应的育人机制，形成学院上下、各方面学生思想政治教育工作的合力和网络，把育人融于学院工作的各个方面，贯穿于教学的各个环节，努力形成学院全员育人、全程育人、全方位育人的良好局面。

高职高专教育的根本任务是育人，即培养德智体美全面发展的社会主义建设者和接班人。育人是高职高专院校的一个系统工程，仅仅依靠学生工作队伍是不够的，是违背教育规律的。高职高专院校应围绕育人目标，整合学院的所有力量和资源，形成合力和网络，构建管理育人、教书育人、服务育人、活动育人、环境育人的整套机制，从而实现学院全员、全过程、全方位育人。只有这样，高职高专院校的学生思想政治教育工作才能建立广泛而坚实的基础，得到加强和改进，取得实效。

全方位育人工作的目的是调动学院各部门、全体教职工积极工作，根据各部门工作的业务范围、围绕培养学生全面发展，成为高素质人才的人才培养目的，齐抓共管，形成合力，从而形成学院上下各方面重视和主动积极参与人才教育的良好局面和机制，全面提高人才培养质量。

二、全方位育人工作的要求

全方位育人工作的要求包括三个方面：

（1）各部门和每一位教职工要树立全方位育人的思想理念，坚持"三个一切"，紧紧围绕"教书育人、管理育人、服务育人、活动育人、环境育人"的目的，认真做好学院教学、管理、服务和保障工作，为学生的全面发展营造良好的氛围。

（2）在全方位育人工作中，将教育工作、心理工作、思想政治工作紧密结合起来，勤学习、勤思考、锐意进取，增强规则意识、自律意识、服务意识和效率意识。

（3）学院制定各部门人才培养工作职责，认真执行本部门"五育人"工作职责，提高工作效率、创造性开展工作。

三、全方位育人工作的责任考核

1. 考核范围

在全院工作的全体教职工（含学院聘任的人员）。

2. 考核形式和方法

（1）按教学、学生服务管理、行政服务管理、后勤保障服务的学生服务职能分类进行考核。

（2）坚持客观公正、公平、公开，实行量化计分和综合测评相结合、自评与互评相结合、院领导与各部门测评相结合的评价方式。

（3）由学服办，教学一、二部设立学生意见征求箱，通过问卷调查等形式，每学期收集学生对各部门"五育人"工作情况的意见和建议。每学期进行一次汇总，并将有关意见和建议及时反馈到相关部门和人员。

（4）考核组每月按分类召开一次年级和班级学生意见征求会，并组织相关学生代表对各部门"五育人"学生服务职能进行综合打分。

（5）考核按学生组、考核组、学院领导组进行综合测评打分，其中学生分占 50%，考核组分占 30%，学院领导占 20%。

（6）每学期结束前将各部门"五育人"工作情况的汇总，并经学院办公会确定考核意见。

（7）各部门和个人在"五育人"工作的情况，作为学院年度工作考核和评优的主要条件之一,与月津贴和年度工作考核、评优挂钩。

3. 奖励的范围

有下列情况作为学校年度考核的优秀人员,在学院范围内进行经济和荣誉奖励的同时,向学院推荐为学校年度考核优秀人员。

(1) 学院各部门、个人在"五育人"工作中认真落实职责,完成教学、管理、服务和保障工作,受到学生好评的部门和个人综合测评打分名列前列的。

(2) 完成教学、科研、实践等工作,工作成效突出受到学生好评,并在学院教学大赛科研评奖获得名次的。

(3) 在学生管理中发现和处置突发事件,将事件处理在萌芽状态,及时发现并积极处置、处理影响明显的。

(4) 圆满完成本部门"五育人"工作职责受到学生好评的突出部门和个人。

4. 惩罚个项

实行同奖同惩,未认真履行"五育人"工作职责,未达到考核要求的,同样按照相应的比例处罚。有下列情况,不能评为优秀人员(实行一票否决制)。

(1) 教学不认真、效果差,反馈意见后仍导致学生群体意见尖锐的。

(2) 侮辱、体罚或变相体罚学生的。

(3) 因服务态度差,保障工作不到位,反馈后仍未及时整改造成学生群体反映意见尖刻的。

(4) 擅离职守(如值班期间脱岗、饮酒等)、工作失误造成学院财产损失或学生伤害等事故或严重事故隐患的。

(5) 教职工之间吵架、打架等行为造成不良影响,不利于学院安定团结的。

(6) 在校园内组织或参与赌博在学生中造成不良影响的。

上列情况一经核实,扣发当事人和部门负责人每人每次当月津贴奖 20~200 元(含聘用人员)。由考核小组提出意见,学院领导班子集体讨论决定,并视其情节轻重分别给予如下处理:第一,批评教育并承担相应的经济损失;第二,当事人写出书面检查并承担相应的经济损失;第三,年度考核直接进入"不合格"等次,乃至调整工作岗位。

四、全方位育人工作的组织领导

为考核各部门和每位教职工在"五育人"工作中的效果,在学院党政统一领导下,组织学院相关部门和人员组成学院"五育人"工作考核领导小组和考核办公室进行综合考核。

考核办公室设在学院办公室。

物流与交通学院
2008 年 11 月 6 日

昆明冶金高等专科学校物流与交通学院教学部育人职责

一、教书育人方面

调动教师教书育人积极性,增强事业心与责任感,以满腔热情关爱学生。以身作则,严格要求自己,遵守学校的规章制度,以自己的言传身教影响学生,做学生的良师益友。鼓励教师努力做到:

1. 在课堂教学和实践教学环节中,将育人贯穿于整个教学过程,注重学生职业道德、心理素质、组织能力、协调沟通能力和创新能力的培养,使学生将来具有健康的心理和良好的职业操守,能适应社会的需要,并具有不断发展的潜能。立足所教课程的特点,深入发掘蕴涵在该学科中的思想政治教育资源和内涵,使思想政治教育贯穿于教学的全过程。

2. 提高专业知识、教学能力和实践技能,并不断探索教学方法和改进教学手段,最终取得良好的教学效果,得到学生的认可与肯定。

3. 加强与校外企业的合作与联系,为学生提供良好的实训条件、勤工助学机会,开拓就业岗位。

4. 严格要求学生,对学生不良行为习惯进行批评指正,并帮助其改进。

二、管理育人方面

1. 关注教师的思想动态，了解教师工作、生活的基本情况，有针对性地做好教师的思想引导工作，每月至少召开一次部门会议，及时了解教师在教学中关于学生的思想、学习等情况，听取教师的建议和意见，改进管理工作，提高管理水平。尽力为教师提供一个良好的工作环境，使教师以良好的心态和愉悦的心情面对学生。

2. 做好常规的教学管理工作。如组织专业人才培养方案的制订与修改；做好常规教学检查工作，包括教师授课计划制订、教学大纲执行、教学日志填写和作业批改情况；每学期召开学生座谈会一次，听取学生的意见与建议，并及时处理和反馈。

3. 开展好教研室的活动，提高教师的教学水平；做好课程、实习等工作的安排。

4. 按学校和学院的相关管理规定对班主任进行管理，每月对班主任工作进行考核评价。

5. 加强对教学部学生团学组织的管理和引导。

6. 做好学生管理的相关工作，如对违纪学生的批评教育。

三、服务育人方面

1. 在服务学生的工作过程中，要做到热情、尽心、耐心、周到和及时，为学生提供细致的服务。不能处理的事情，要向学生说明原因，获得学生的理解。

2. 做好学生的评优初审工作，做到公开、公平、公正。

3. 做好团学干部的选拔工作，充分发挥学生团学干部的作用。

4. 结合专业需要，组织和协助开展职业技能的培训工作，为学生取得相应职业资格证书提供服务，使学生毕业时取证率达到96%以上。

5. 关心、关爱贫困学生，如提供勤工俭学岗位、在职业技能培训方面给予费用优惠。

6. 为学生就业提供服务，多渠道开拓学生就业岗位，及时向学生传递就业信息，配合学院开展好用人单位招聘活动。

7. 对学生进行安全教育，如防骗、防盗等安全知识的教育。

四、活动育人方面

1. 组织和配合学院开展丰富多彩、健康向上的学生活动，如体育活动、文艺活动、校外参观、学术讲座、技能竞赛等，通过活动拓宽学生的知识，陶冶学生的情操，增强学生的凝聚力以及责任意识。

2. 鼓励、支持、组织和引导学生参加各类社会公益活动。

五、环境育人方面

1. 加强教师教风建设，以良好的教风带动学风建设。

2. 宣传和弘扬校园优秀文化，并积极参与校园文化的建设。

昆明冶金高等专科学校物流与交通学院教学管理部育人职责

为进一步做好国家示范高职院校建设工作，本着全方位育人的思想理念，坚持一切为了学生，为了学生的一切，为了一切学生，力求在工作中落实教书育人、管理育人、服务育人、活动育人、环境育人五项原则，将教育工作、心理工作、思想工作结合起来体现在日常工作岗位中。学生培养职责内容如下：

1. 贯彻国家和学校的教育思想和方针。实施好爱国主义教育、国防教育、集体主义教育、心理健康教育、新生入学教育和"三生教育"等活动，引导学生树立正确的世界观和人生观。

2. 全面履行教学管理职责，树立正确教育思想，正确处理管理与育人的关系，积极实施素质教育，注重培养学生的良好思想品德、创新精神和实践能力。

3. 梳理各项教学管理工作的办事流程，本着"提高效率、方便师生"的原则进一步优化、简化和再造流程。

4. 关心爱护学生，尊重学生的人格，平等、公正对待学生。对学生严格要求，耐心教导，保护学生合法权益。

5. 加快信息服务平台建设，建立专门面向学生的信息服务平台，为学生提供优质服务。

6. 积极做好教学保障工作：热情服务，随时沟通。保持与各教学单位的经常性接触。对一些重要的工作，工作人员要主动到教学部送通知、送材料，并与教研室主任及任课教师交流，充分听取意见。

7. 热情做好学生服务工作，实行首问责任制。学生办事或来电时，问到第一个工作人员，必须热情、周到、及时、准确、满意地回答，不得说"不知道、不清楚"或拒绝回答；学生咨询的问题属于自己工作范畴的，必须认真细致解答；学生咨询的问题不属于自己工作范畴或不清楚时，应主动耐心解释，并将学生引导到相关工作人员处或负责向相关工作人员转告。

8. 每学期开学上课前2天为学生发放教材，保证及时、准确，做到学生满意。16~17周进行下学期课程教材预订工作，按时下发教材预订表，配合教师做好教材预订工作。

9. 每学期开学2周内，请教学部提交实习、实训计划，按时上交实训处，保证实习、实训任务顺利完成。

10. 每学期提前2周发放期末考试安排，补考提前2周通知。

11. 每学期期末17~18周，下发多媒体、机房、上课特殊软件统计通知，配合老师做好统计。

12. 每学期及时向各班提供学生成绩，发放预警通知单，保证温馨提示。

13. 做好职业资格鉴定工作，每学期开学时温馨提示各教学部：①开学3周内提交本学期职业资格技能培训鉴定计划（工种、人数）；②根据培训鉴定计划，各教学部在培训前15天内，将培训鉴定详细资料上报；③保证领到证书后1周内，发证给学生。

14. 做好学籍管理工作。为新生报道进行验证注册，保证在学校规定新生入学接待日全天服务，耐心解答新生疑问。

15. 做好每年毕业证书发放工作，对由于特殊原因留在教学管理部的证书负责管理。

16. 做好计算机、英语考试工作。对报名学生热情周到服务，认真为他们办理报名。

17. 做好实训室、计算机房的维护工作，尽最大可能提高设备利用率，保证实训室、机放安全，做好防火、防盗工作。

18. 开放阶梯教室为学生播放精彩影片，丰富学生课余生活，每周末为学生播放一场精彩影片。

19. 确保各种教学设施完好，教学场所清洁，为广大学生创造良好学习环境。

昆明冶金高等专科学校物流与交通学院图书管理部育人职责

1. 坚持"读者第一,服务至上"的宗旨,强化服务意识。
2. 按照学校有关规定,根据学院相关专业发展要求,了解学生的意见和需求,组织好图书采购、报刊订阅等。
3. 组织好图书借阅,耐心解答学生的提问,保证图书资料正常流通。
4. 加强科技资料的收集、整理、保管和使用工作,为教学工作服务。
5. 配合学院各部门,广泛开展师生读书活动,引导学生读好书,使图书馆成为知识宝库和精神文明建设的重要基地。
6. 加强对外联系和馆际交流,及时沟通情况,交流经验,提高管理水平、业务水平。
7. 根据学生的需求,开展为学生到总校图书馆代借书的业务工作。
8. 每年新生入学后,须为新生开设"如何使用图书馆、阅览室"的讲座,主要介绍图书馆、阅览室的各种规章制度,并为新生办理借书证。
9. 按时开放图书馆,并保持图书馆的清洁、整齐、安静,环境优美,经常整理乱架的书、报、杂志,为学生寻找提供方便。
10. 每天负责把新报纸上架,收到杂志后,及时签到、上架,做到报纸不过夜,期刊不过月,让学生第一时间浏览到最新的信息资料。

11. 充分利用电子阅览室,为学生学习提供丰富的电子资源。

昆明冶金高等专科学校物流与交通学院学生服务管理办公室育人职责

一、管理育人

1. 落实学生管理各项规章制度。熟悉、了解、掌握并严格执行学校、学院学生管理各项规章制度,提高工作人员的政策执行力。

2. 建立并做好学生相关档案及管理工作。如新生入学档案、贫困生档案、助学贷款学生档案、勤工助学档案、各类评优（获奖）档案、违纪学生档案、毕业生就业档案等。

3. 做好学生课堂考勤统计工作。每月统计各班课堂考勤,并及时上报学生处和反馈给教学部,配合班主任做好学生的劝导工作。

4. 做好违纪学生劝导、处理工作。对违纪学生及时进行谈心、劝导,并配合相关部门作出相应的处理。

二、服务育人

1. 做好新生报到和入学系列教育组织服务工作。积极、主动地做好新生报到相关接待、安排、咨询、指导等工作以及新生入学系列教育各项活动的安排、组织、协调等工作,确保新生入学报到和入学系列教育工作的顺利进行。

2. 配合相关部门做好新生体检、照相、军训协调工作。

3. 做好贫困生确认工作。及时受理学生贫困申请,保证学生有申请,有认定,有回复。客观、公正地进行确认,并适时开展调查测评。

4. 做好国家助学贷款工作。做好一系列贷前的政策宣传、诚信教育、培训指导(申请书、材料准备、合同签订等)、材料审查等工作,以及贷后相关工作。

5. 做好学生"综合素质测评"指导工作。积极、主动地做好学生"综合素质测评"的指导、解疑以及相关数据的提供、成绩审核、汇总、公示、上报等系列工作。

6. 做好学生各类评优、评奖工作。认真做好各类优秀学生(学生干部)、奖学金、助学金、先进班集体、优秀毕业生等学生评优、评奖工作的安排、组织、指导、审查、汇总、公示、上报等系列工作,并保证评优、评奖公平、公开、公正地进行,确保各类学生评优、评奖工作的顺利完成。

7. 做好学生各类奖学金、助学金、补助(贴)、减免学费等费用的发放工作。及时为学生办理国家、省政府、企业、学校等的各种奖学金、助学金、补助(贴)、奖励(品)、勤工助学补助、临时困难补助、减免学费等的申报、审批工作,并及时向学生发放相关费用。

8. 做好学生学生证及乘车优惠卡的办理服务工作。及时做好新生学生证及乘车优惠卡的办理,以及学生证遗失补办服务工作。

9. 做好毕业生就业工作。认真做好毕业生就业指导、咨询、信息提供、招聘、市场拓展等各项工作,提高毕业生就业质量,保证就业达标率。

10. 做好毕业生文明离校工作。办理毕业生档案交接手续,认真做好毕业生文明离校的安排、组织、协调等工作。

11. 做好学生来访、咨询、解疑等工作。对来访学生,不推诿、不拒绝,热情接待,认真听取,耐心解答,让学生满意。

三、活动育人

1. 做好校、院两级学生大型活动的组织开展工作。积极做好新生入学系列教育活动以及新生体检、照相、军训、开学典礼、报告会、讲座、学生座谈会、表彰大会、升降旗仪式等各种活动的组织工作,做好会场安排、布置以及音响设备调试等工作,提高活动质量,保证各项活动的顺利完成。

2. 做好校、院两级学生大型体育活动(竞赛)的组织开展工作。根据学院(校)学生体育活动的安排,认真组织参加学校"学院杯"篮、排、足三大球和学校田径运动会,组织做好运动员选拔、代表队训练、比赛等工作,并积极开展学院内篮球、排球、足球、田径等各类体育比赛,做好筹备、组织、实施工作。丰富学生校园文化生活,增进友谊,激发顽强拼搏精神,为学生提供一个展示自我、施展体育才能的平台。

3. 开展经济困难学生义务劳动。定期安排、组织贫困学生开展公益劳动,对学生进行情感和思想政治教育,培养学生高尚情操。

4. 开展学生早锻炼活动。做好学生早锻炼活动的安排、组织、出勤统计等工作,培养学生良好的生活习惯。

四、环境育人

1. 加强校风建设,恪守师德,努力培养学生良好行为、公德和诚信,构建和谐校园。

2. 加强学风建设,注重理论与实践相结合,以培养高技能人才为己任,正确引导学生学习,营造良好学风。

昆明冶金高等专科学校物流与交通学院团委育人职责

1. 进一步加强团组织自身建设，对团支部的活动进行指导。
2. 做好新生、毕业生和一年返回本部学院团员的注册、团费缴费、奖励和处分工作，积极做好发展新团员和推荐优秀团员入党工作。
3. 做好团内档案管理，健全学院团内文件，各类表格归档制度，定期上收《团支部工作手册》，对手册的填写做到有指导、检查、总结和反馈。
4. 负责学生干部的配备、培养、教育，做好学生干部的考评和管理工作，每学年进行一次团学干部培训。
5. 注重学院内各团总支的管理，了解团总支的工作情况，尽力解决存在的问题。
6. 开通信息渠道，经常了解和分析团员、青年的思想、意见和要求，注重教育团员、青年热爱集体、尊师守纪、团结同学、讲究卫生、文明礼貌等道德素养。
7. 积极开辟各种渠道，了解学生对于学院团委各项工作的意见和建议，不断改进工作，更好地为团员、青年服务。
8. 做好各项活动资料的积累工作，负责将各级、各类活动结果向学生服务办公室、相关班主任和学生通报，为学生综合素质评优提供信息依据。
9. 针对目前学生特点，在学生活动中提供指导和协调服务。

10. 组织和开展丰富多彩、健康向上的学生各类活动，使学生在活动中能得到多方面的锻炼，从而提高学生的综合素质。每学期组织一次大型文艺表演和一次体育游戏。

11. 组织校青年志愿者协会学院分会开展各种公益活动，指导、监督和引导学院各系部青年志愿者活动，建立服务基地并每学期组织两次志愿服务。

12. 负责指导学生参加和开展有利于学生发展的科技文化活动，组织学生参加学院及以上级别的科技文化大赛。

13. 通过学院学生会相关部门对校园环境如教室和宿舍卫生每学期共四个月的检查，对教室和宿舍卫生进行评比，为班级评优提供依据，培养学生爱护周边环境、讲究卫生的习惯。

14. 协助学院后勤管理部门对食堂饭菜进行监督，注意收集学生的意见和建议并反馈给相关部门。

15. 加强校园文化建设，关注校园生活，广播站实行每周五天共十五次的播音，为广大同学及时播报各类新闻。

16. 社团为不同兴趣同学提供展现自己特长的舞台，每学期进行一次社团风采展示活动。

17. 组织学院级融合知识性和趣味性的竞赛，丰富学生生活，展现学生风采。

18. 负责做好团的知识和活动的宣传，以及对各班教室黑板报的检查。

昆明冶金高等专科学校物流与交通学院院长办公室育人工作职责

按照学校"五育人"的目标要求,在全方位人才培养的过程中,院办公室结合部门工作实际,主要围绕"管理育人"和"服务育人"直接或间接的为广大师生做好服务,具体工作职责如下:

1. 配合学院领导编制每周工作计划,使学院教学、学生服务管理、后勤服务保障等各项工作有计划、有安排,确保学院工作正常有序地开展。

2. 做好综合协调,主动热情地为学院广大教职工、学生做好政策服务、信息服务。

3. 负责学校、学院各种文件、通知、信息、数据资料的收发工作,做好分类管理,在第一时间内将(与学生切身利益相关的)有关信息传递到相关教学和学生管理等职能部门和责任人,做好督办、催办、协调和服务。按要求汇总、统计各部门信息情况,及时向学校上报学院相关材料。

4. 协助学院领导对各班学生课堂纪律进行督查,做好每月对学生课堂纪律督查工作的统计、汇总和情况反馈工作。

5. 编排学院各类人员的24小时值班,负责值班人员的协调组织。保证值班的正常运转,做好特殊时期学院值班的安排和值班情况的及时上报工作。

6. 保质保量完成学院各类文印工作,在规定时间内认真完成学院学生期中期末试卷的印制,并做好试卷的保密工作。

7. 配合学院领导做好新学年新生的报到注册、联络协调，配合有关部门做好迎新生大会、学生意见反馈会、校长与毕业生恳谈会等会议的准备工作。

8. 做好学院文书档案的规范管理，师生查阅有关文件资料时做到及时、便捷、准确，学院印章管理日常 8 小时工作时间有专人负责，新生报到、毕业生离校期间全天候有人负责。

9. 完成学院大事记记录。

10. 做好校友资料信息的统计、挖掘、利用工作，搞好外联，向学院提供相关信息和资料。

11. 利用校友资源，为学院学生做好思想教育、就业辅导等工作。每学期开展校友与在校生的交流活动。

12. 完成学校和学院交办的其他与学生服务管理的相关工作。

昆明冶金高等专科学校物流与交通学院党群工作部育人方面职责

1. 认真贯彻落实党的路线、方针、政策，开展深入细致的思想政治工作，组织开展时事政治、形势政策、法律法纪等方面的报告会或专题讲座，帮助学生树立正确的世界观、人生观和价值观。
2. 指导学生党支部的工作，加强和改进支部建设，使其充分发挥支部的战斗堡垒作用，积极主动参加学生党支部组织的党员重要会议和活动。
3. 组织学生中的入党积极分子培训工作，做到有计划、有安排、有检查、有成效，每年举办两期入党积极分子培训，使学生中入党积极分子比例达到学生总人数的90%以上，入党积极分子培训率达到100%。
4. 做好学生党员的发展工作，严格入党程序，严把入党质量关，对拟入党的学生进行全面考察并公示，做好"双培养"工作，使学生党员在毕业前达到15%以上。
5. 做好学生党员的组织管理，收集相关信息和资料，及时做好学生党员的党费收缴和组织接收迁转工作。
6. 开展对学生党员的民主评议和评优工作，帮助和指导学生党支部开展创建"五好"党支部的活动，使学生党支部成为"五好"党支部，学生党员中的评优率达到90%以上。
7. 开展对学生党员的党风党纪教育，及时听取和反映学生中的意见和建议，关注学生中的热点和难点问题，注意收集和整理学生的意见和建议,帮助学生解决实际问题,维护学生的合法权益。

8. 做好宣传教育工作,紧紧围绕学校中心工作,用正确的舆论引导学生,激励学生健康成长;定期或不定期的开展对学院宣传橱窗、黑板报进行检查评比,使学院全年的橱窗和黑板报出写不少于6期,根据学校和学院各项重大活动和节日及时更换宣传标语。

9. 开展学院的精神文明建设,加强校园文化建设,创建宽松和谐的校园氛围。

10. 发挥工会组织的作用,围绕为教职工办实事、切实解决教职工的实际困难深入开展工作,充分调动广大教职工的积极性和主动性,用教职工的真心和爱心去点燃学生勤奋学习的激情。

昆明冶金高等专科学校物流与交通学院保卫科育人职责

1. 努力提高部门人员的思想政治素质和业务能力，有针对性地做好学生的思想政治工作。及时调解纠纷、化解矛盾，维护师生正常的学习、工作和生活秩序。

2. 积极配合学院各部门做好学生的法制教育，依法搞好学院的社会治安综合治理、安全保卫和"五防"（防盗、防火、防毒、防治安灾害事故和防交通事故）等工作。

（1）做好日常的门卫值班，及时做好校（院）门、教室、食堂门锁的开关，做好教室照明用电的管理，做好对外来人员、车辆、晚归学生的检查登记，将情况及时反馈给相关教学部门和班主任。加强对重点目标、区域的安全巡逻，切实做好重点区域的安全防范。随时检查各处的电源、火源、门窗情况，发现隐患及时处理。

（2）搞好假期的安全保卫值班和留校学生的管理工作，确保学院公私财产和学生的安全防范。

（3）积极协助公安机关处理涉及学院师生的治安问题、突发事件和刑事案件。一旦师生发生钱物被盗，学院保卫科要及时介入、调查了解，并提出处理意见。

（4）积极主动地搞好学院的消防工作，经常检查安全防火情况，整改火灾隐患，做好每年度的消防演练和消防器材的购买更新，使消防工作和消防器材均处于良好状态。

（5）适时做好各种安全提示、各种通知和情况报告，随时配合学院及各部门做好有关安全防护设备的检查、维护和修缮工作。

3. 在学校军训团和学院的领导下，积极参与每年度的新生军训的组织实施，安全地、保质保量地完成新生军训任务。

4. 热情、周到、及时地做好学院学生的户籍管理、身份证办理，出具户口证明等工作，做好一年一度的新生户口迁入和毕业生户口迁出工作。积极协助学校保卫处户籍科及时处理学生的户籍关系和各种办证工作，努力做到学生满意。

5. 积极主动地搞好学院的收发工作，及时处理学生的报刊、杂志、信件、汇款等事宜，并做到无差错，无遗漏。

昆明冶金高等专科学校物流与交通学院后勤管理部育人职责

一、在管理育人方面,培养学生良好的生活习惯,提高安全意识

1. 学生宿舍管理人员熟悉本幢所住学生。对于新生,入校时要求学生提供照片,做好学生的宿舍照片册,管理人员熟悉每个学生所在班级和所在宿舍。

2. 学生宿舍管理人员严格按照作息时间关灯、关门,做好宿舍晚归人员的登记工作,对晚归学生进行说服教育,针对频繁晚归的学生及时告知班主任并书面报送学生服务办公室。

3. 每天进行 4 次学生宿舍巡查,提醒同学出门时关门关窗,检查学生使用不安全电器、私拉乱接、赌博、饲养宠物等不良行为并及时制止,同时做好登记记录,对说服教育不改的同学,及时报送学生服务办公室。

了解学生思想、情绪、生活动态,及时处置或向值班人员和班主任反馈学生异常情况。

二、在服务育人方面,发挥现有的设备条件,为学生提供优质的保障服务

1. 食堂工作人员须做到耐心周到、热情服务,提供品种多样、营养丰富的饮食。

2. 认真做好饮食卫生安全工作。按照后勤处制定的管理规定,通过内部监管和外部检查相结合的管理监督,切实保障饮食卫生安全。

3. 坚持主要生活原料(面粉、大米、肉类、油类、辅料等)在具有相关检验合格证的定点供应商处采购,把好生活原料关,从源头上杜绝食物中毒发生的隐患。

4. 保证每天提供卫生的免费菜汤。

5. 在学生宿舍值班室提供免费煨药服务。

6. 宿舍卫生员及时打扫卫生,做到宿舍公共区清洁,无卫生死角。

7. 保证水电正常供应,遇有校内设施设备故障,立即组织抢修,如遇校外故障因素,及时联系维修,并提前通知或做好解释工作。特殊需要时保证应急供电。

8. 出现水电故障时,接报修后由综合中心负责人协调安排,维修人员没有进行其他维修任务时,10分钟内到位。有其他维修任务时,综合中心负责人根据维修项目的轻重缓急作出协调,并给报修学生作出答复或解释,做到小修不过夜。

9. 校医务室除星期六、星期日白天外,实行24小时值班制度,及时热情做好学生的医疗保健工作。

10. 做好学生防疫工作。及时发现并向上级有关部门报告疫情;对学生疫苗注射情况进行详细登记,对未注射的学生进行记录备案并通知班主任。

11. 多种形式进行健康教育宣传工作,增强广大学生的卫生保健意识。

12. 遇运动会、校内军训或其他大型体育活动时安排医务人员做好相关服务。

三、在环境育人方面,营造优雅、干净、舒适的校园环境

1. 及时做好树木及草坪修剪、浇灌、施肥、除害、防冻等工作,树木成活率达到95%以上,草坪完好率保持在98%以上。

2. 保持校园环境卫生清洁,做到无卫生死角,无脏乱差现象,及时清运垃圾。

四、服务监督

为了做好后勤服务工作,为全院师生员工提供高效优质服务,后勤管理部定期或不定期召集学生会成员、班团干部召开座谈会征求意见,并及时反馈。

昆明冶金高等专科学校物流与交通学院财务劳资科管理服务育人职责

一、做好学生学宿费的收缴工作

1. 每年新生报到时,耐心细致地做好有关收费政策的宣传,让学生了解相关事宜,收费标准实行公示制度。注册缴费期间根据需要延长工作时间,保证学生可随到随缴。
2. 每月对学生学宿费的收缴情况进行统计、整理,并及时反馈相关部门、人员。
3. 对学生学宿费的收缴情况及在收缴中存在的问题和解决意见及时向院长、书记汇报。
4. 深入教学和学生管理部门,做好学生在学宿费政策方面的答疑工作。

二、做好学院学生经费计划,保证经费的使用

1. 上级部门批准后一周内发放学生困难补助、生活补助。
2. 按月发放学生勤工助学费。
3. 在上级部门批准后一周内及时发放奖、助学金。
4. 在核定资金范围内,保证学生活动经费正常使用。
5. 保证学生实习前一周及时发放实习经费。